Dans les collections
Cuisines des pays de France
et Cuisines des pays du monde

 1 – La cuisine charentaise
 2 – La cuisine gasconne
 3 – La cuisine basque
 4 – La cuisine toulousaine
 5 – La cuisine du Languedoc
 6 – La cuisine bordelaise
 7 – La cuisine des Pyrénées
 8 – La cuisine du Périgord
 9 – La cuisine ariégeoise
10 – La cuisine catalane
11 – Plats du terroir en Charente
12 – La cuisine landaise
13 – La cuisine aveyronnaise
14 – La cuisine des tapas
15 – La cuisine du canard et de l'oie
16 – La cuisine des placards
17 – La cuisine de l'été
18 – La cuisine des poissons, coquillages et crustacés
19 – La cuisine du cochon
20 – La cuisine auvergnate
21 – La cuisine de l'hiver
22 – La cuisine espagnole
23 – La cuisine marocaine
24 – La cuisine provençale
25 – La cuisine des îles
26 – La cuisine italienne

En couverture : couscous aux raisins secs.

Toutes les photographies sont de Pierre Bordet, sauf celles des p. 4, 7, 8, 10, 12, 14, 16, 18 et 122.

© Copyright 2001 – Éditions Sud Ouest.
Ce livre a été imprimé par Oberthure Graphique à Rennes – France.
ISBN : 2.87901.412.3 – Éditeur : 1086.02.05.01.02 – N° d'impression : 4171

Liliane Otal

La cuisine marocaine

Photographies de Pierre Bordet
et de Roger Portal

ÉDITIONS SUD OUEST

La porte Bab Boujloud à Fès

Introduction

Plus qu'un recueil de recettes, la cuisine marocaine relève de l'exercice d'un véritable art. Cet art culinaire fixe les règles de la réalisation des plats, le protocole du déroulement du repas et du service rituel du thé à la menthe, ainsi que le menu des événements familiaux et religieux.

Les plats traditionnels soulignent l'harmonieuse alliance des viandes et des légumes ou des fruits, longtemps mijotés et nappés de sauces onctueuses, ainsi que l'accord du sucré et du salé.

La richesse des recettes est rehaussée par l'emploi de nombreuses épices parfumées :
– le cumin (*kamoun*),
– le safran (*zafrane*),
– le gingembre (*khnjbir*),
– la cannelle (*karfa*),
– le piment doux (*felfla hlouwa*),
– le piment piquant (*felfla harra*),
– la coriandre (*kosbour*),
– la menthe (*nana*).

Quant au célèbre *ras el hanout*, c'est un mélange qui ne comporte pas moins de vingt-sept épices...

Les plats, très colorés, se doivent d'être abondants et nourrissants. Ils sont présentés dans un souci d'esthétique et de mise en valeur des mets.

Le protocole du repas impose un déroulement lent et délicat. Avant et après manger, il est d'usage de se laver la main droite (et plus particulièrement les trois doigts qui toucheront les aliments) à l'eau parfumée qui coulera d'une élégante aiguière au bec long et fin, *ied ettas*. Les convives sont toujours assis en rond autour de la table ; il est ainsi plus facile de se serrer et de laisser une place à l'invité de dernière minute ; car une des particularités de l'art culinaire marocain est le partage et l'hospitalité. La table est toujours ouverte au visiteur.

Par ailleurs, la gastronomie marque les événements familiaux et religieux de la vie marocaine. La naissance, la circoncision et le mariage donnent lieu à de grands et somptueux repas.

En outre, le neuvième mois de l'année musulmane est un mois de jeûne purificateur, le Ramadan. Les fidèles ne doivent ni boire, ni manger, du lever au coucher du soleil. Ils ne pourront s'alimenter que la nuit, et consommeront à cette occasion la nourrissante et délicieuse soupe du Ramadan, l'*harira*.

L'Aïd el Kebir marquera la fin du Ramadan et donnera lieu à de grandes festivités.

Je vous invite à découvrir la richesse et la subtilité de cette cuisine du soleil, qui enchantera vos convives.

Les tanneurs de Fès

Dans la vallée du Dadès, la casbah du Glaoui

Un troupeau et son berger sous les remparts de Marrakech

Le marabout de Sidi-Abderrahman à Casablanca

Vers le col du Tizi-N-Test, sur la route de l'Atlas

Marabout et pêcheurs sur la côte méditerranéenne

Aux environs de Rabat

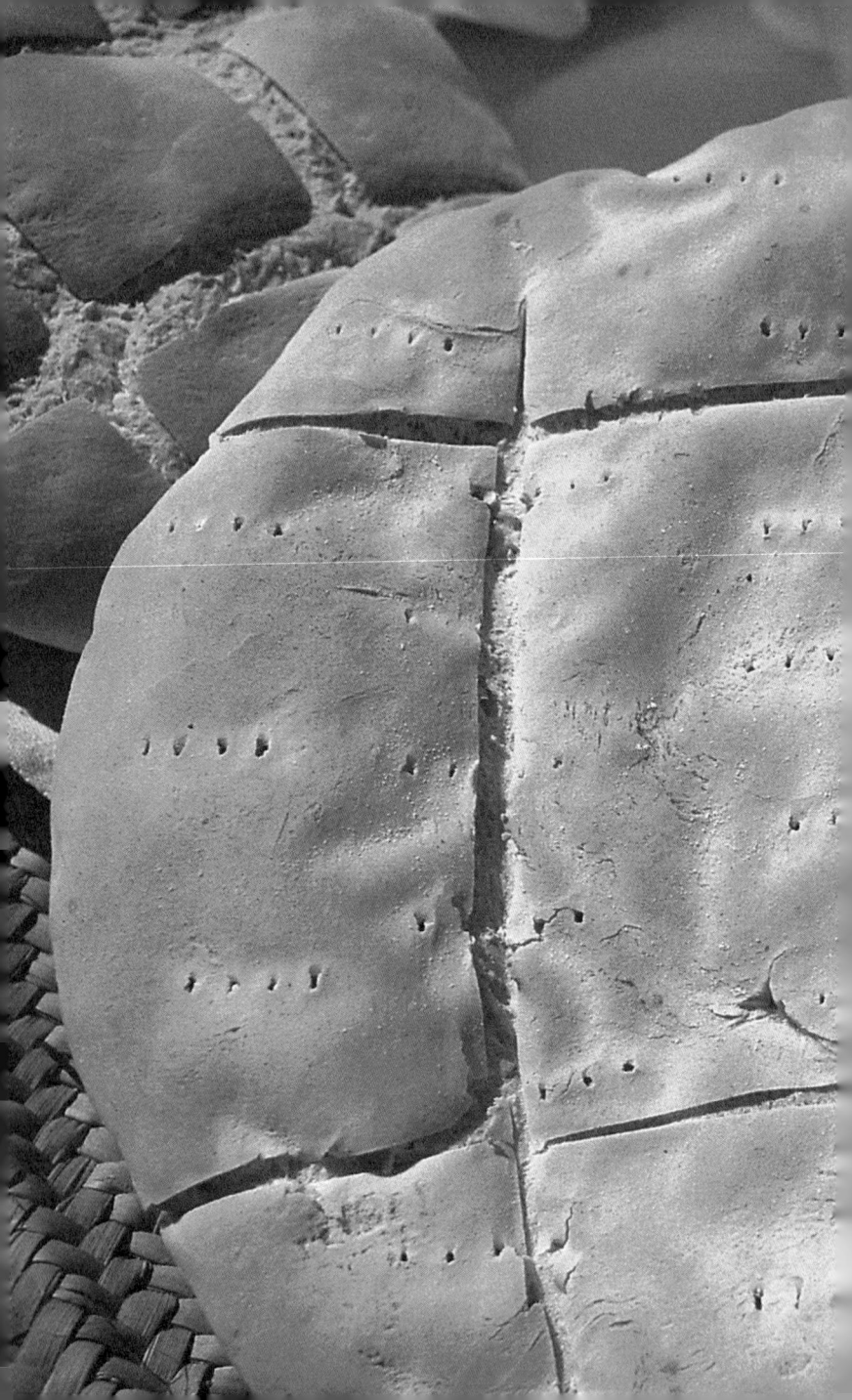

Le pain (*ksra*)

Pour 10 personnes

Temps de cuisson : 25 min

> 1 kg de farine
> 1 cuillère à café de sel
> 2 verres d'eau tiède
> 25 g de levure

Mettre la farine sur le plan de travail. Ajouter le sel. Délayer la levure dans un peu d'eau tiède et l'ajouter à la farine. Incorporer l'eau tiède en pétrissant fortement la pâte. Travailler la pâte pendant un quart d'heure. ¶ Partager la pâte en trois boules d'égale grosseur. Aplatir chaque boule pour confectionner des pains ronds et plats d'environ 2 centimètres d'épaisseur. ¶ Déposer les trois pains sur une plaque, suffisamment espacés les uns des autres, et les recouvrir d'un linge propre. ¶ Laisser lever la pâte 1 h 30. ¶ Piquer les pains avec une fourchette ou les taillader avec un couteau en quatre endroits. ¶ Les faire cuire à four moyen pendant 25 minutes.

Les soupes

Harira

Pour 6 personnes

Temps de cuisson : 2 h

- > 1 cou de poulet
- > 2 ailerons de poulet
- > 200 g de mouton
- > 2 oignons
- > 1 pincée de safran
- > 100 g de lentilles
- > sel, poivre
- > 1 petit bouquet de coriandre
- > 1 petit bouquet de persil
- > 4 tomates
- > 20 g de beurre
- > 1 citron
- > 2 cuillers à soupe de farine

Cette recette s'exécute en deux temps.

1) Découper la viande de mouton en petits cubes, et la mettre dans une marmite. ¶ Ajouter le cou et les ailerons de poulet, les lentilles nettoyées et triées, les oignons grossièrement émincés et le safran. ¶ Couvrir d'eau froide salée et poivrée, environ un litre et demi. Porter à ébullition, et laisser cuire une heure et demie à petits bouillons.

2) Mettre un litre d'eau à bouillir dans une deuxième marmite. Y plonger les tomates en cubes. Ajouter le beurre et le jus d'un citron. Faire bouillir 20 minutes. ¶ Délayer la farine dans un peu d'eau et l'incorporer au bouillon. ¶ Bien mélanger. ¶ Hacher finement le persil et la coriandre, et les ajouter à la préparation. ¶ Laisser mijoter quelques instants. ¶ Ajouter dans cette marmite, la soupe aux lentilles et à la viande obtenue précédemment. ¶ Laisser cuire à petit feu une dizaine de minutes. Vérifier l'assaisonnement, et servir brûlant.

Harira aux pois chiches

Pour 6 personnes

Temps de cuisson : 2 h

La harira aux pois chiches se réalise de la même façon que la harira classique aux lentilles. Mais les pois chiches doivent être mis à tremper la veille dans de l'eau froide. Lors de la préparation de la soupe, les lentilles sont simplement remplacées par les pois chiches.

> Mêmes ingrédients que pour la recette précédente, mais remplacer les lentilles par des pois chiches.

Chorba

Pour 6 personnes
Temps de cuisson : 2 h

> 200 g de mouton
> 2 oignons
> 2 tomates
> 1 pincée de safran
> 50 g de lentilles
> 50 g de pois chiches
> 50 g de riz
> 1 petit bouquet de coriandre
> 1 petit bouquet de persil
> sel, poivre

Mettre les pois chiches à tremper la veille dans de l'eau froide. ¶ Découper la viande de mouton en dés et la mettre dans une marmite. Couvrir d'eau froide (environ 2 litres et demi). Porter à ébullition. ¶ Ajouter les pois chiches, les lentilles, le safran, le sel et le poivre et laisser mijoter une heure à petits bouillons. ¶ Au bout d'une heure, ajouter la coriandre et le persil haché, le riz, les oignons émincés et les tomates coupées en dés. ¶ Laisser cuire une heure de plus et servir très chaud.

Soupe de blé (*dchicha*)

Pour 6 personnes
Temps de cuisson : 1 h

> 1 oignon
> 1 pincée de safran
> 1 pincée de poudre de piment doux
> 150 g de blé concassé
> 2 cuillères à soupe d'huile
> 2 ccuillères à café de coriandre hachée
> sel, poivre

Faire bouillir 2 litres et demi d'eau. ¶ Y plonger le safran, le piment doux, l'oignon émincé, l'huile et le blé concassé, le sel et le poivre. ¶ Faire bouillir à petit feu pendant une heure. ¶ Dix minutes avant la fin de la cuisson, ajouter la coriandre hachée. ¶ Servir très chaud.

Chorba

Les soupes

Soupe de semoule

Soupe de semoule

Pour 6 personnes

Temps de cuisson : 1 h

Faire bouillir 2 litres et demi d'eau. ¶ Y plonger le safran, le piment doux, le beurre, la semoule, le sel et le poivre. ¶ Faire bouillir à petit feu pendant une heure. ¶ Cette soupe ne doit pas être trop épaisse ; ajouter un peu d'eau si nécessaire.

> 1 oignon
> 1 pincée de safran
> 1 pincée de poudre de piment doux
> 150 g de semoule
> 50 g de beurre
> sel, poivre

Soupe de poisson

Pour 6 personnes

Temps de cuisson : 1 h

Laver et peler les pommes de terre. Les découper en cubes. ¶ Laver et gratter les carottes et les découper en bâtonnets. ¶ Laver et découper les tomates en cubes. ¶ Laver et couper la branche de céleri en petits tronçons. ¶ Faire revenir tous ces légumes dans un faitout avec un peu d'huile. ¶ Bien remuer et laisser cuire quelques instants. ¶ Ajouter le persil haché. ¶ Bien mélanger puis verser 2 litres d'eau. ¶ Porter à ébullition et laisser cuire à petits bouillons pendant 3/4 d'heure. ¶ Découper le poisson en morceaux et l'ajouter à la soupe. ¶ Faire cuire encore un quart d'heure et servir.

> 600 g de poisson au choix (merlans, mulets, pageots...)
> 4 pommes de terre
> 4 carottes
> 4 tomates
> 1 branche de céleri
> 2 gousses d'ail
> 1 bouquet de persil
> huile
> sel, poivre

Les soupes

Les salades

Tchoutchouka

> 3 poivrons
> 6 tomates
> 3 gousses d'ail
> 1 bouquet de persil
> 1 bouquet de coriandre
> 1 cuillère à café de cumin
> sel, poivre

Pour 6 personnes
Temps de cuisson : 45 min

Laver et essuyer les poivrons. Les passer sous la grille du four quelques instants, en les retournant sous toutes les faces. Quand la peau des poivrons noircit, les retirer du four. Les laisser refroidir quelques instants puis les peler. Les découper en lanières. ¶ Laver et peler les tomates ; pour cela, les plonger quelques instants dans une casserole d'eau bouillante. Les couper en dés. ¶ Faire chauffer un peu d'huile dans une poêle. Y faire cuire les poivrons et les tomates à tout petit feu pendant environ 3/4 d'heure. En début de cuisson, ajouter l'ail, le persil et la coriandre finement hachés, puis le cumin, le sel et le poivre. ¶ La tchoutchouka est prête quand l'eau jetée par les légumes est entièrement évaporée. ¶ Laisser bien refroidir avant de servir.

Salade de tomates et poivrons crus

> 3 poivrons
> 4 tomates
> 1 citron
> huile d'arachide
> 2 cuillères à café de coriandre hachée
> 1 cuillère à café de cumin
> sel, poivre

Pour 6 personnes

Passer les poivrons sous la grille du four, sous toutes leurs faces. Lorsque la peau des poivrons noircit, les retirer du four. Les peler et les couper en petits dés. ¶ Laver les tomates, les peler après les avoir plongées dans une casserole d'eau bouillante quelques instants. Les épépiner et les couper en petits dés. ¶ Mélanger les tomates et les poivrons. ¶ Assaisonner de sel, de persil haché, de jus de citron et d'huile d'arachide. Servir bien frais.

Salade de carottes à l'orange

Pour 6 personnes

Laver et gratter les carottes. Les râper finement. ¶ Peler les oranges en prenant soin de retirer la seconde peau blanche. Couper les oranges pelées en petits morceaux et les mélanger aux carottes râpées. ¶ Assaisonner cette salade avec le jus d'un citron, deux cuillères à soupe d'huile, du sel et du poivre.

> 1 kg de carottes
> 2 oranges
> 1 citron
> huile d'arachide
> sel, poivre

Salade de carottes cuites

Salade de carottes cuites

Pour 6 personnes

Temps de cuisson : 10 min

Laver et gratter les carottes. Les couper en bâtonnets. ¶ Les faire cuire dans une casserole d'eau salée, additionnée des gousses d'ail écrasées, pendant une dizaine de minutes. ¶ Égoutter soigneusement les bâtonnets de carottes. Les laisser refroidir. ¶ Assaisonner d'huile, de vinaigre, de poivre et de cumin. ¶ Saupoudrer de persil haché et servir bien frais.

> 1 kg de carottes
> 2 gousses d'ail
> 1 cuillère à café de persil haché
> 1 pincée de cumin
> huile
> vinaigre
> sel, poivre

Salade de cœurs de laitue

Pour 6 personnes

Laver les cœurs de laitue. ¶ Les hacher grossièrement en chiffonnade. ¶ Saler, poivrer, saupoudrer de sucre, ajouter l'huile d'arachide et du vinaigre. ¶ Bien mélanger et servir très frais.

> 3 cœurs de laitue
> huile d'arachide
> vinaigre
> 1 pincée de cannelle
> 2 cuillères à café de sucre en poudre
> sel, poivre

Les salades

Salade de courgettes
Pour 6 personnes

> 1 kg de courgettes
> 1 citron
> 1 pincée de piment doux
> 1 pincée de cumin
> huile d'arachide
> sel, poivre

Temps de cuisson : 5 min

Laver et équeuter les courgettes. Les couper en bâtonnets de 2 centimètres de longueur. ¶ Les faire cuire dans de l'eau bouillante pendant 5 minutes. ¶ Les égoutter soigneusement. Les éponger si nécessaire avec un papier absorbant. ¶ Les disposer dans le plat de service et assaisonner d'huile, du jus d'un citron, de cumin, de piment doux, de sel et de poivre. ¶ Les courgettes peuvent également être coupées en rondelles.

Salade de concombres

Pour 6 personnes

Râper les concombres (comme des carottes). Assaisonner d'huile, de vinaigre, de sel, de poivre et d'un peu de thym. Cette salade peut également être servie sucrée.

> 3 concombres
> huile d'arachide
> vinaigre
> thym
> sel, poivre

Salade d'olives concassées (*meslalla*)

Pour 6 personnes

- > 800 g d'olives noires ou vertes dénoyautées
- > 1 citron
- > 1 pincée de piment doux
- > 1 pincée de cumin
- > huile d'arachide
- > 2 cuillères à café de persil haché
- > sel

Écraser les olives avec une fourchette. ¶ Saupoudrer de piment, de cumin, de sel et de persil haché. Ajouter l'huile et le jus de citron. ¶ Bien mélanger et laisser macérer 1 heure avant de servir.

Salade d'aubergines

Pour 6 personnes
Temps de cuisson : 15 min

Peler les aubergines et les couper en gros cubes. ¶ Les faire bouillir pendant un quart d'heure. Quand elles sont cuites, les faire égoutter pendant une bonne demi-heure. Les éponger avec un papier absorbant. ¶ Mettre les aubergines dans un saladier et les assaisonner avec de l'huile, du vinaigre, du sel, du poivre, du cumin et du piment. ¶ Servir très frais.

> 1 kg d'aubergines
> 1 cuillère à café de cumin
> 1 pincée de piment fort
> huile
> vinaigre
> sel, poivre

Salade de fèves

Pour 6 personnes
Temps de cuisson : 15 min

Peler les fèves et les faire cuire dans une casserole d'eau bouillante pendant une quinzaine de minutes. ¶ Les égoutter et les laisser refroidir. ¶ Quand les fèves sont froides, les assaisonner d'huile, de vinaigre, de sel, de poivre, de cumin et de coriandre hachée. ¶ Cette salade peut également être servie tiède.

> 1 kg de fèves fraîches
> 2 gousses d'ail
> 1 pincée de cumin
> 1 cuillère à café de coriandre hachée
> huile
> vinaigre
> sel, poivre

Salade de betteraves

Pour 6 personnes

> 1 kg de betteraves
> 1 pincée de cumin
> 1 citron
> huile
> sel, poivre

Faire cuire les betteraves entières dans une casserole d'eau bouillante pendant une heure et demie. ¶ Lorsqu'elles sont cuites, les égoutter et les peler. Les couper en fines rondelles et les disposer dans le plat de service. ¶ Verser un filet d'huile d'arachide et le jus d'un citron. Saupoudrer de cumin, de sel et de poivre. ¶ Servir frais. ¶ Comme la salade de concombres, les betteraves peuvent être assaisonnées de sucre en poudre.

Salade de citrons

Pour 6 personnes

Peler finement les citrons. Les couper en petits morceaux. ¶ Hacher les oignons et le persil. Bien mélanger les morceaux de citrons avec le hachis d'oignons et de persil. ¶ Assaisonner généreusement d'huile, d'un peu de sel et de poivre. ¶ Pour réussir cette recette, il est indispensable d'utiliser des citrons très mûrs.

> 6 citrons
> 1 gros bouquet de persil
> 2 oignons
> huile
> sel, poivre

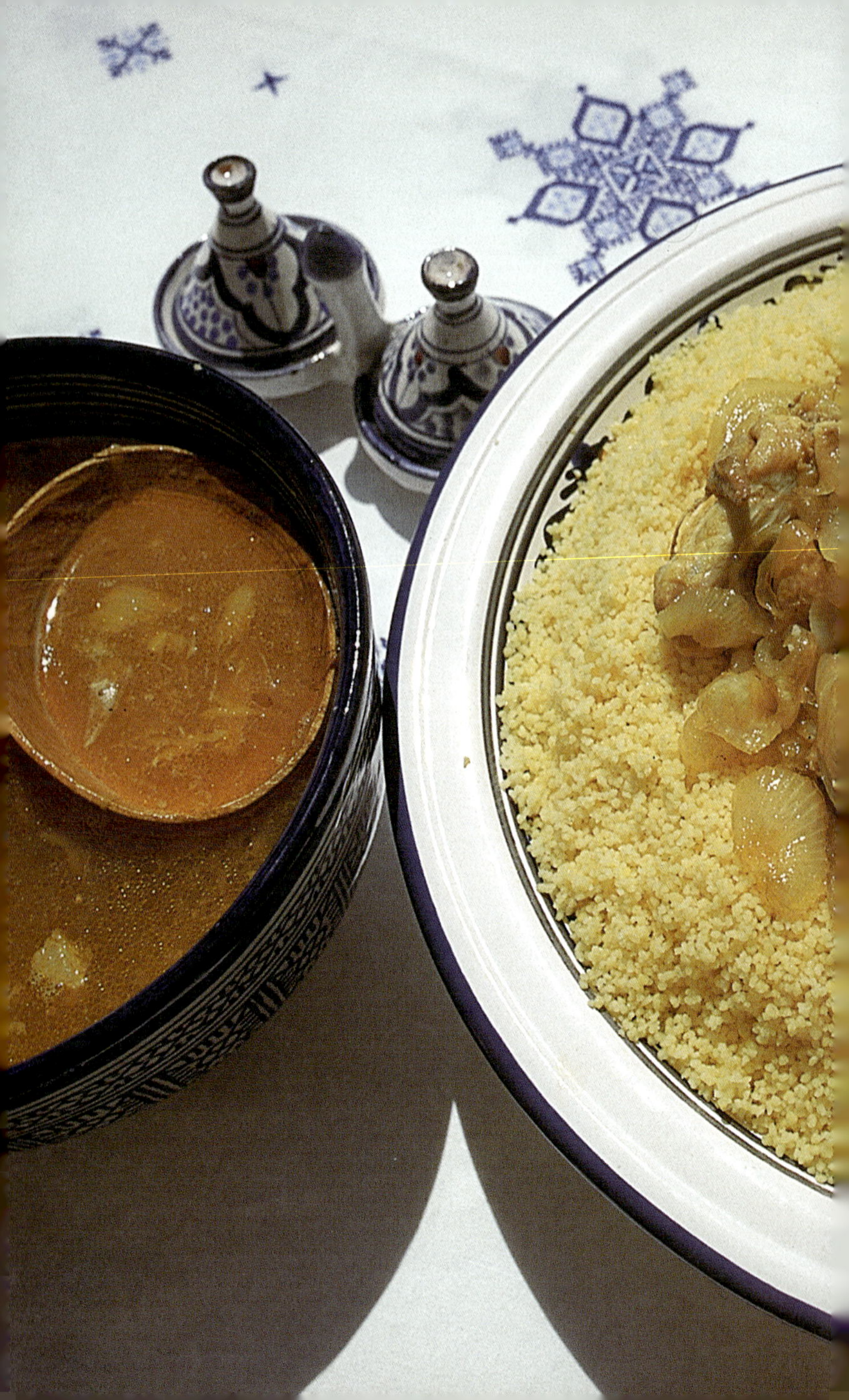

Les couscous

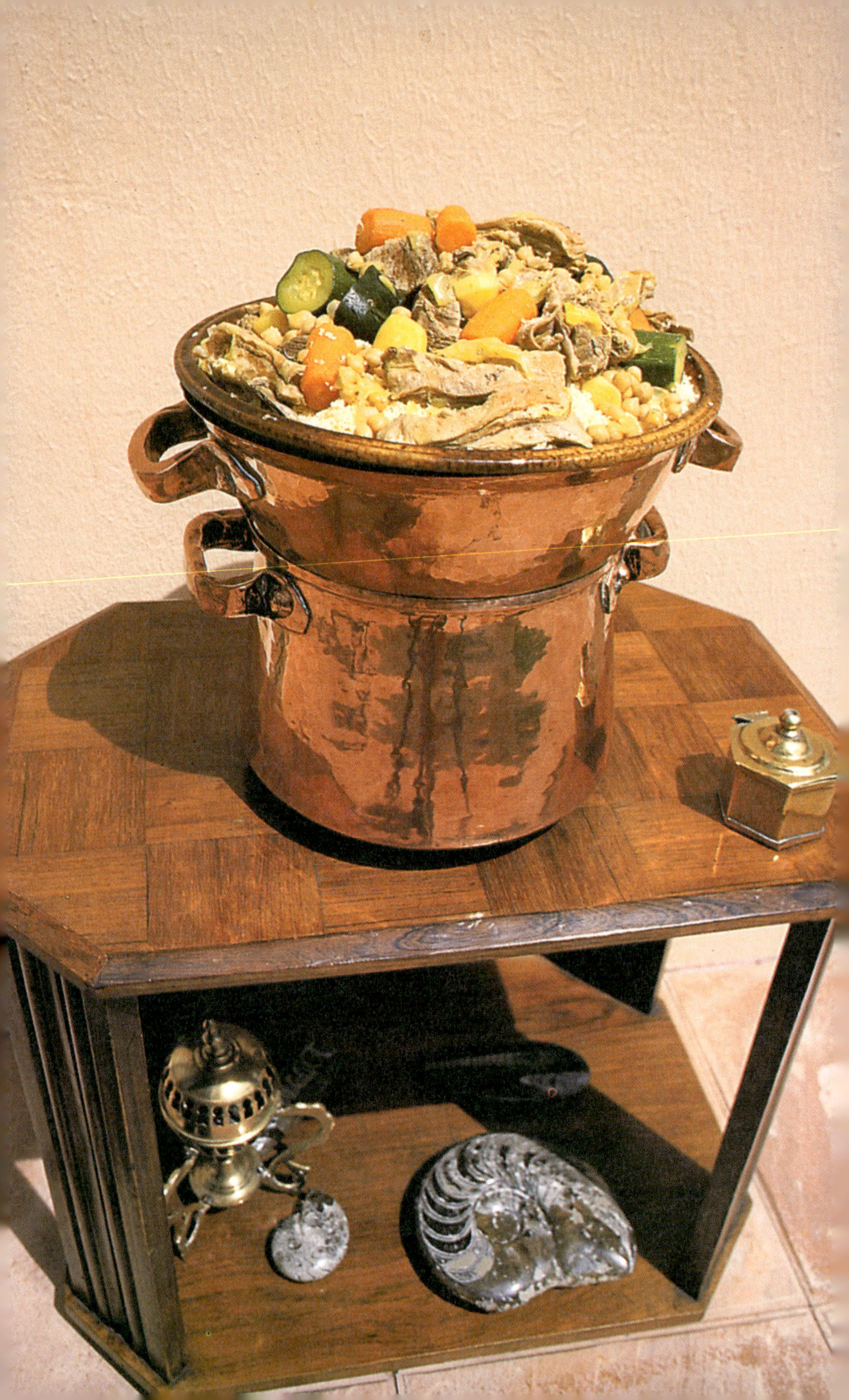

Couscous

Pour 10 personnes

Temps de cuisson : 2 h

Découper la viande de mouton et de bœuf en morceaux. Mettre ces morceaux dans la marmite à couscous. Couvrir de 5 litres d'eau froide. ¶ Ajouter les oignons coupés en morceaux, le safran, le piment doux, le sel, le poivre et les pois chiches mis à tremper depuis la veille. ¶ Porter à ébullition et laisser cuire à petits bouillons pendant 1 heure. ¶ Mettre la semoule à couscous dans un saladier et verser dessus un peu d'eau tiède salée. Bien mélanger, détacher les grains avec une fourchette. ¶ Mettre la semoule dans le panier du couscoussier et le poser sur la marmite. Dès que la vapeur traverse la semoule, la remettre dans le saladier. ¶ Laver les navets et les couper en quartiers. Laver, gratter les carottes et les couper en tronçons. Laver les courgettes et les couper en rondelles de 3 cm d'épaisseur. ¶ Au bout d'1 heure de cuisson du bouillon, ajouter les navets et les carottes. Laisser cuire un quart d'heure de plus, puis ajouter les courgettes et la coriandre hachée. ¶ Mettre la semoule dans le panier du couscoussier. ¶ Laisser cuire trois quarts d'heure. ¶ Quand la semoule est cuite, la renverser dans le plat de service. Y incorporer le beurre coupé en petits morceaux à l'aide d'une fourchette. ¶ Creuser un puits au centre de la semoule et y disposer les légumes et les viandes. ¶ Présenter le bouillon à part dans une soupière.

> 1 kg de semoule à couscous
> 1 kg d'épaule d'agneau
> 1 kg de viande de bœuf à braiser
> 150 g de pois chiches
> 500 g de navets
> 500 g de carottes
> 500 g de courgettes
> 2 oignons
> 1 petite cuillère à café de safran
> 1 cuillère à café de piment doux
> 1 bouquet de coriandre
> 200 g de beurre
> sel, poivre

Couscous aux sept légumes

Pour 10 personnes
Temps de cuisson : 2 h

- > 1 kg de semoule à couscous
- > 500 g de jarret de bœuf
- > 300 g de navets
- > 300 g de carottes
- > 300 g de chou
- > 300 g de pommes de terre
- > 300 g d'aubergines
- > 300 g de potiron
- > 300 g de tomates
- > 1 bouquet de coriandre
- > 1 petite cuillère à café de safran
- > 1 cuillère à café de piment doux
- > 2 oignons
- > 200 g de beurre
- > sel, poivre

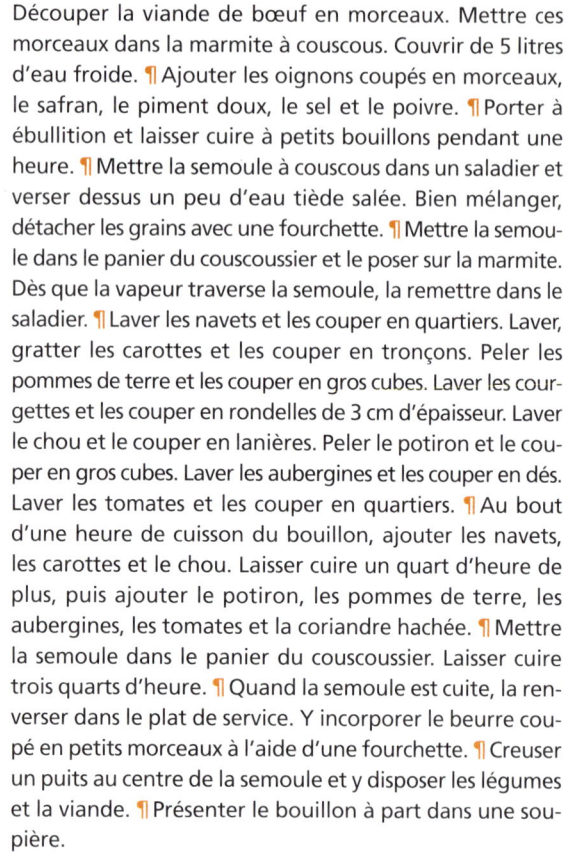

Découper la viande de bœuf en morceaux. Mettre ces morceaux dans la marmite à couscous. Couvrir de 5 litres d'eau froide. ¶ Ajouter les oignons coupés en morceaux, le safran, le piment doux, le sel et le poivre. ¶ Porter à ébullition et laisser cuire à petits bouillons pendant une heure. ¶ Mettre la semoule à couscous dans un saladier et verser dessus un peu d'eau tiède salée. Bien mélanger, détacher les grains avec une fourchette. ¶ Mettre la semoule dans le panier du couscoussier et le poser sur la marmite. Dès que la vapeur traverse la semoule, la remettre dans le saladier. ¶ Laver les navets et les couper en quartiers. Laver, gratter les carottes et les couper en tronçons. Peler les pommes de terre et les couper en gros cubes. Laver les courgettes et les couper en rondelles de 3 cm d'épaisseur. Laver le chou et le couper en lanières. Peler le potiron et le couper en gros cubes. Laver les aubergines et les couper en dés. Laver les tomates et les couper en quartiers. ¶ Au bout d'une heure de cuisson du bouillon, ajouter les navets, les carottes et le chou. Laisser cuire un quart d'heure de plus, puis ajouter le potiron, les pommes de terre, les aubergines, les tomates et la coriandre hachée. ¶ Mettre la semoule dans le panier du couscoussier. Laisser cuire trois quarts d'heure. ¶ Quand la semoule est cuite, la renverser dans le plat de service. Y incorporer le beurre coupé en petits morceaux à l'aide d'une fourchette. ¶ Creuser un puits au centre de la semoule et y disposer les légumes et la viande. ¶ Présenter le bouillon à part dans une soupière.

Couscous au miel et aux oignons

Pour 10 personnes

Temps de cuisson : 1 h 30

Découper les poulets en morceaux. Mettre ces morceaux dans la marmite à couscous. Couvrir de 5 litres d'eau froide. ¶ Ajouter 2 oignons coupés en morceaux, le safran, le piment doux, le sel et le poivre. ¶ Porter à ébullition et laisser cuire à petits bouillons pendant 3 quarts d'heure. ¶ Mettre la semoule à couscous dans un saladier et verser un peu d'eau tiède salée. Bien mélanger, détacher les grains avec une fourchette. ¶ Mettre la semoule dans le panier du couscoussier et le poser sur la marmite. ¶ Dès que la vapeur traverse la semoule, la remettre dans le saladier. ¶ Au bout de 45 minutes de cuisson du bouillon, mettre la semoule dans le panier du couscoussier, et laisser cuire 3 quarts d'heure de plus. ¶ Peler les oignons restants et les couper en rondelles. Les faire bouillir à part dans une grande casserole d'eau salée pendant 10 minutes. ¶ Les égoutter soigneusement, puis les faire dorer dans une poêle avec 100 g de beurre. Ajouter la cannelle et le miel. Bien mélanger et faire mijoter quelques instants. ¶ Quand la semoule est cuite, la renverser dans le plat de service. Y incorporer le beurre restant coupé en petits morceaux à l'aide d'une fourchette. ¶ Creuser un puits au centre de la semoule et y disposer les poulets et les oignons dorés. Présenter le bouillon à part dans une soupière.

> 1 kg de semoule à couscous
> 2 poulets
> 4 kg d'oignons
> 1 tasse de miel
> 1 petite cuillère à café de safran
> 1 cuillère à café de piment doux
> 1 cuillère à café de cannelle
> 300 g de beurre
> sel, poivre

Couscous aux raisins secs

Pour 10 personnes
Temps de cuisson : 1 h 30

- 1 kg de semoule à couscous
- 1 kg d'épaule d'agneau
- 1 kg de viande de bœuf à braiser
- 150 g de pois chiches
- 500 g de navets
- 500 g de carottes
- 500 g de raisins secs
- 4 oignons
- 1 c. à café de sucre
- 1 petite c. à café de safran
- 1 c. à café de piment doux
- 1 bouquet de coriandre
- 200 g de beurre
- huile
- sel, poivre

Découper la viande de mouton et de bœuf en morceaux. Mettre ces morceaux dans la marmite à couscous. Couvrir de 5 litres d'eau froide. ¶ Ajouter deux oignons coupés en morceaux, le safran, le piment doux, le sel, le poivre et les pois chiches mis à tremper depuis la veille. ¶ Porter à ébullition et laisser cuire à petits bouillons pendant une heure. ¶ Mettre la semoule à couscous dans un saladier et verser un peu d'eau tiède salée. Bien mélanger, détacher les grains avec une fourchette. ¶ Mettre la semoule dans le panier du couscoussier et le poser sur la marmite. ¶ Dès que la vapeur traverse la semoule, la remettre dans le saladier. ¶ Laver les navets et les couper en quartiers. Laver, gratter les carottes et les couper en tronçons.

Au bout d'une heure de cuisson du bouillon, ajouter les navets et les carottes. Laisser cuire un quart d'heure de plus, puis ajouter la coriandre hachée. ¶ Mettre la semoule dans le panier du couscoussier. ¶ Laisser cuire trois quarts d'heure. ¶ Pendant ce temps, faire revenir 2 oignons finement émincés et les raisins secs dans une poêle avec 3 cuillères à soupe d'huile d'arachide, pendant 5 minutes Saupoudrer de sucre puis mouiller avec un grand verre de bouillon et laisser mijoter un quart d'heure. ¶ Quand la semoule est cuite, la renverser dans le plat de service. Y incorporer le beurre coupé en petits morceaux à l'aide d'une fourchette. ¶ Creuser un puits au centre de la semoule et y disposer les légumes, les viandes et les raisins secs. ¶ Présenter le bouillon à part dans une soupière.

Couscous aux raisins secs

Couscous aux pigeons

Pour 10 personnes

Temps de cuisson : 1 h 15

- > 1 kg de semoule à couscous
- > 5 pigeons
- > 500 g de raisins secs
- > 500 g d'amandes entières pelées
- > 4 oignons
- > 1 c. à café de sucre
- > 1 petite c. à café de safran
- > 1 c. à café de piment doux
- > 1 bouquet de coriandre
- > 200 g de beurre
- > huile
- > sel, poivre

Découper les pigeons en deux morceaux. Les mettre dans la marmite à couscous. Couvrir de 5 litres d'eau froide. ¶ Ajouter deux oignons coupés en morceaux, le safran, le piment doux, le sel, le poivre et la coriandre hachée. ¶ Porter à ébullition et laisser cuire à petits bouillons pendant 20 minutes. ¶ Mettre la semoule à couscous dans un saladier et verser un peu d'eau tiède salée. Bien mélanger, détacher les grains avec une fourchette. ¶ Mettre la semoule dans le panier du couscoussier. ¶ Laisser cuire trois quarts d'heure. ¶ Pendant ce temps, faire revenir 2 oignons finement émincés et les raisins secs dans une poêle avec 3 cuillères à soupe d'huile d'arachide, pendant 5 minutes. Saupoudrer de sucre puis mouiller avec un grand verre de bouillon et laisser mijoter un quart d'heure. ¶ Dans une autre poêle, faire dorer les amandes entières avec un peu d'huile, pendant quelques minutes. ¶ Quand la semoule est cuite, la renverser dans le plat de service. Y incorporer le beurre coupé en petits morceaux à l'aide d'une fourchette. ¶ Creuser un puits au centre de la semoule et y disposer les pigeons, les raisins secs et les amandes dorées. ¶ Présenter le bouillon à part dans une soupière.

Couscous au poisson

Pour 10 personnes

Temps de cuisson : 1 h

Mettre la semoule à couscous dans un saladier et verser un litre d'eau tiède salée. Bien mélanger, détacher les grains avec une fourchette et laisser reposer pendant 20 minutes. ¶ Pendant ce temps, mettre 5 litres d'eau dans la marmite à couscous. ¶ Ajouter le safran, le piment doux, le sel et le poivre. ¶ Porter à ébullition, puis ajouter les carottes et les courgettes coupées en tronçons, les aubergines coupées en cubes, les navets, les tomates et les oignons coupés en quartiers. ¶ Ajouter le poisson coupé en gros morceaux et la coriandre hachée. ¶ Mettre la semoule dans le panier du couscoussier. ¶ Laisser cuire trois quarts d'heure. ¶ Quand la semoule est cuite, la renverser dans le plat de service. Y incorporer le beurre coupé en petits morceaux à l'aide d'une fourchette. ¶ Creuser un puits au centre de la semoule et y disposer les légumes et le poisson. ¶ Présenter le bouillon à part dans une soupière.

> 1 kg de semoule à couscous
> 2 kg de merlu
> 300 g de navets
> 300 g de carottes
> 300 g d'aubergines
> 300 g courgettes
> 300 g de tomates
> 300 g d'oignons
> 1 bouquet de coriandre
> 1 petite cuillère à café de safran
> 1 cuillère à café de piment doux
> 200 g de beurre
> sel, poivre

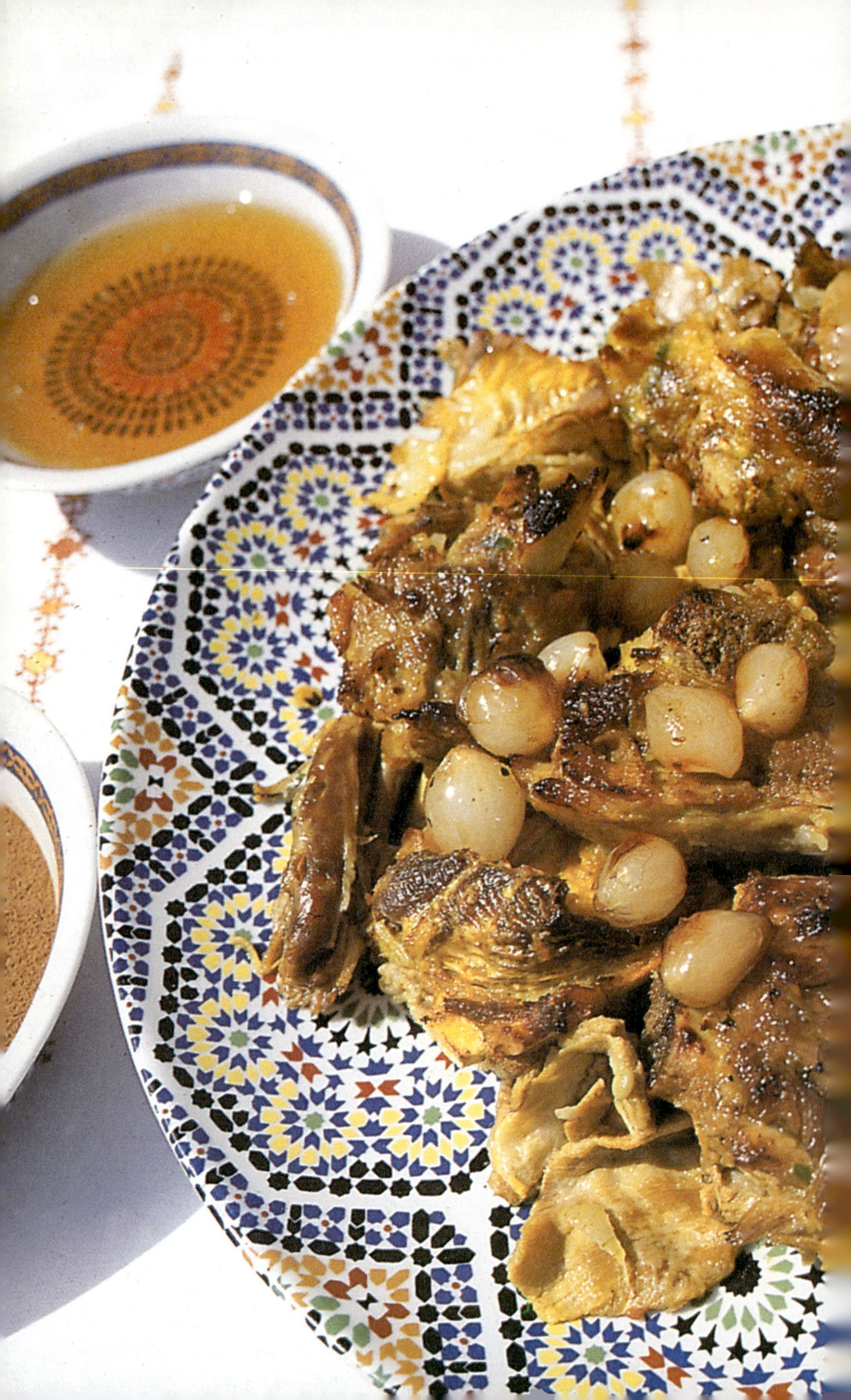

Les tajines

Le tajine *(slaoui)* est un plat rond en terre vernissé recouvert d'un couvercle pointu.

Tajine d'agneau au miel

Pour 6 personnes
Temps de cuisson : 1 h 45

- > 1 kg d'épaule d'agneau
- > 1 kg de petits oignons
- > 1 tasse de miel
- > 1/2 cuillère à café de safran
- > 1 cuillère à café de cannelle
- > sel, poivre

Découper l'agneau en morceaux et le mettre dans un faitout. ¶ Ajouter le safran, la cannelle, le sel et le poivre. ¶ Couvrir d'eau froide. Porter à ébullition et faire cuire à petits bouillons pendant 1/2 heure. ¶ Retirer les morceaux de mouton et les disposer dans un tajine. ¶ Ajouter les oignons entiers, et couvrir de bouillon. ¶ Mettre le plat au four et faire cuire pendant 1 heure. ¶ Au bout d'1 heure, sortir le plat du four. ¶ Faire chauffer le miel dans une casserole et le verser sur la viande et les oignons. ¶ Remettre au four pendant 1/4 d'heure. ¶ Servir dans le tajine.

Tajine d'agneau aux navets

Pour 6 personnes
Temps de cuisson : 1 h 30

- > 1 kg d'épaule d'agneau
- > 1,5 kg de navets
- > 1 oignon
- > 1 gousse d'ail
- > 1 pincée à café de safran
- > 1 pincée de gingembre
- > 1 pincée de cumin
- > 1 bouquet de coriandre
- > sel, poivre

Découper l'agneau en morceaux et le mettre dans un faitout. ¶ Ajouter le safran, le gingembre, le cumin, l'ail écrasé, l'oignon émincé, la coriandre hachée, le sel et le poivre. ¶ Couvrir d'eau froide. Porter à ébullition et faire cuire à petits bouillons pendant 1 heure. ¶ Retirer les morceaux d'agneau et les réserver. ¶ Dans le même bouillon, faire cuire les navets coupés en quartiers pendant 20 minutes. ¶ Mettre l'agneau et les navets dans un tajine. ¶ Faire réduire le bouillon jusqu'à obtention d'une sauce épaisse. ¶ Verser cette sauce sur la viande et les légumes. ¶ Faire mijoter le tajine sur feu doux quelques instants avant de servir brûlant.

Tajine de mouton aux courgettes

Pour 6 personnes

Temps de cuisson : 1 h 25

Découper le mouton en morceaux et le mettre dans un faitout. ¶ Ajouter le safran, le piment doux, l'oignon émincé, le sel et le poivre. ¶ Couvrir d'eau froide. Porter à ébullition et faire cuire à petits bouillons pendant 1 heure. ¶ Retirer les morceaux de mouton et les réserver. ¶ Dans le même bouillon, faire cuire les courgettes coupées en tronçons pendant 15 minutes. ¶ Mettre la viande et les courgettes dans un tajine. ¶ Faire réduire le bouillon jusqu'à obtention d'une sauce épaisse. ¶ Verser cette sauce sur la viande et les légumes. ¶ Faire mijoter le tajine sur feu doux quelques instants avant de servir brûlant.

> 1 kg d'épaule de mouton
> 2 kg de courgettes
> 1 oignon
> 1/2 cuillère à café de safran
> 1 cuillère à café de piment doux
> sel, poivre

Tajine d'agneau aux coings

Pour 6 personnes

Temps de cuisson : 1 h 25

Découper l'agneau en morceaux et le mettre dans un faitout. ¶ Ajouter le safran, la cannelle, le sel et le poivre. ¶ Couvrir d'eau froide. Porter à ébullition et faire cuire à petits bouillons pendant 1 heure. ¶ Retirer les morceaux de mouton et les réserver. ¶ Faire cuire les coings épépinés et coupés en quartiers dans le bouillon pendant 1/4 d'heure. ¶ Dresser l'agneau et les coings dans un tajine. Arroser de bouillon et saupoudrer de sucre. ¶ Mettre le plat au four une dizaine de minutes. ¶ Servir brûlant dans le tajine.

> 1 kg d'épaule d'agneau
> 1,5 kg de coings
> 1/2 cuillère à café de safran
> 1 cuillère à café de cannelle
> 2 cuillères à café de sucre
> sel, poivre

Tajine de mouton aux fèves
Pour 6 personnes

- > 1 kg d'épaule de mouton
- > 2 kg de fèves
- > 1 oignon
- > 1/2 cuillère à café de safran
- > 1 cuillère à café de piment doux
- > 1 citron
- > 1 vingtaine d'olives
- > sel, poivre

Temps de cuisson : 1 h 30

Découper le mouton en morceaux et le mettre dans un faitout. ¶ Ajouter le safran, le piment doux, l'oignon émincé, le sel et le poivre. ¶ Couvrir d'eau froide. Porter à ébullition et faire cuire à petits bouillons pendant 1 heure. ¶ Retirer les morceaux de mouton et les réserver. ¶ Dans le même bouillon additionné d'un jus de citron, faire cuire les fèves pendant 20 minutes. Ajouter les olives en fin de cuisson. ¶ Mettre le mouton et les fèves dans un tajine. ¶ Faire réduire le bouillon jusqu'à obtention d'une sauce épaisse. ¶ Verser cette sauce sur la viande et les légumes. ¶ Faire mijoter le tajine sur feu doux quelques instants avant de servir brûlant.

Tajine de mouton au citron
Pour 6 personnes

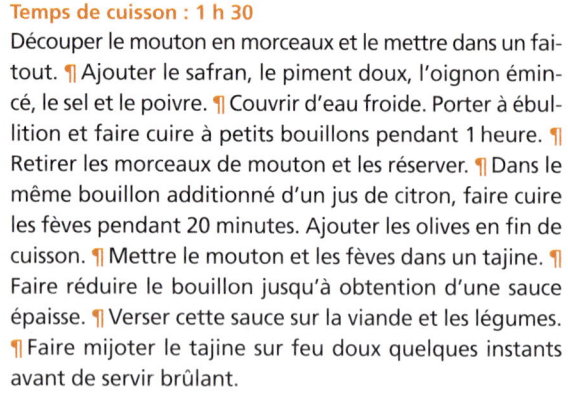

- > 1 kg d'épaule de mouton
- > 1 kg d'oignons
- > 1 pincée de cumin
- > 1 pincée de safran
- > 1 gousse d'ail
- > 1 bouquet de coriandre
- > 3 citrons
- > sel, poivre

Temps de cuisson : 1 h 15

Découper le mouton en morceaux et le mettre dans un faitout. ¶ Ajouter le safran, le cumin, le bouquet de coriandre, la gousse d'ail écrasée, le sel, le poivre et le jus d'un citron. ¶ Couvrir d'eau froide. Porter à ébullition et faire cuire à petits bouillons pendant 1 heure. ¶ Pendant ce temps, émincer les oignons et les faire revenir dans une casserole à l'étouffée avec un peu d'huile. Saler et poivrer. ¶ Quand les oignons sont réduits en purée, éteindre le feu et réserver. ¶ À la fin de la cuisson, retirer les morceaux de mouton et les disposer dans un tajine. ¶ Ajouter la purée d'oignon, et arroser du jus de deux citrons. ¶ Mettre le plat à four moyen pendant 15 minutes. ¶ Servir dans le tajine.

Tajine de mouton aux amandes et aux oignons

Pour 6 personnes

Temps de cuisson : 1 h 30

Découper le mouton en morceaux et le mettre dans un faitout. ¶ Ajouter le safran, le cumin, la coriandre hachée, les amandes, le sel, le poivre. ¶ Couvrir d'eau froide. Porter à ébullition et faire cuire à petits bouillons pendant 1 heure. ¶ Puis retirer la viande et la réserver. ¶ Émincer les oignons et les faire cuire dans le bouillon. Faire réduire pendant une vingtaine de minutes. ¶ Dresser la viande dans un tajine. Arroser du bouillon réduit, des amandes et des oignons. Mettre le plat à chauffer quelques instant sur feu doux avant de servir.

> 1 kg d'épaule de mouton
> 1 kg d'oignons
> 500 g d'amandes entières pelées
> 1 pincée de cumin
> 1 pincée de safran
> 1 bouquet de coriandre
> sel, poivre

Tajine de veau aux petits pois

Pour 6 personnes
Temps de cuisson : 1 h 30

> 1 kg de jarret de veau
> 2 kg de petits pois frais
> 2 oignons
> 1/2 cuillère à café de safran
> 1 cuillère à café de piment doux
> 2 citrons confits
> 1 cuillère à café de sucre
> 3 cuillères à soupe d'huile d'arachide
> sel, poivre

Découper le veau en morceaux et le mettre dans un faitout. ¶ Ajouter le safran, le piment doux, les oignons coupés en morceaux, l'huile, le sel et le poivre. ¶ Couvrir d'eau froide. Porter à ébullition et faire cuire à petits bouillons pendant 1 heure. ¶ Puis retirer la viande et la réserver. ¶ Mettre les petits pois dans le faitout, ajouter le sucre en poudre et faire cuire dans le bouillon pendant une vingtaine de minutes. Ajouter de l'eau si nécessaire. ¶ Retirer les petits pois et les réserver. Couper l'écorce des citrons confits et les mettre dans le bouillon. Faire réduire jusqu'à obtenir une sauce onctueuse. ¶ Dresser la viande et les petits pois dans un tajine. Arroser de sauce et décorer avec les écorces de citrons. Mettre le plat à chauffer quelques instants sur feu doux avant de servir.

Tajine de mouton aux pommes de terre

Pour 6 personnes

Temps de cuisson : 1 h 25

Découper le mouton en morceaux et le mettre dans un faitout. ¶ Ajouter le safran, le gingembre, le cumin, l'ail écrasé, l'oignon émincé, la coriandre hachée, le sel et le poivre. ¶ Couvrir d'eau froide. Porter à ébullition et faire cuire à petits bouillons pendant 1 heure. ¶ Retirer les morceaux de mouton et les réserver. ¶ Dans le même bouillon, faire cuire les pommes de terre coupées en cubes pendant 1/4 d'heure. ¶ Mettre le mouton et les pommes de terre dans un tajine. ¶ Faire réduire le bouillon jusqu'à obtention d'une sauce épaisse. ¶ Verser cette sauce sur la viande et les légumes. ¶ Faire mijoter le tajine sur feu doux quelques instants avant de servir brûlant.

> 1 kg d'épaule de mouton
> 1,5 kg de pommes de terre
> 1 oignon
> 1 gousse d'ail
> 1 pincée à café de safran
> 1 pincée de gingembre
> 1 pincée de cumin
> 1 bouquet de coriandre
> sel, poivre

Tajine de mouton aux œufs

Pour 6 personnes

Temps de cuisson : 1 h

Découper le mouton en morceaux et le mettre dans un faitout. ¶ Ajouter le safran, le cumin, le gingembre, le bouquet de coriandre, la gousse d'ail écrasée, le sel, le poivre. ¶ Couvrir d'eau froide. Porter à ébullition et faire cuire à petits bouillons pendant 1 heure. ¶ Pendant ce temps, émincer les oignons et les faire revenir avec les amandes entières pelées dans une poêle avec 4 cuillères à soupe d'huile. Saler et poivrer. ¶ Quand les oignons et les amandes sont dorés, éteindre le feu et réserver. ¶ Délayer une pincée de safran dans une tasse de bouillon prélevée dans le faitout. ¶ Faire chauffer cette préparation. Écaler les œufs durs et les rouler dans le safran délayé. Laisser mijoter quelques instants puis réserver. ¶ À la fin de la cuisson, retirer les morceaux de mouton et les disposer dans un tajine. ¶ Ajouter les oignons et les amandes avec leur huile de cuisson bien chaude. ¶ Partager les œufs dur en deux dans le sens de la longueur et les disposer autour du plat. ¶ Servir très chaud.

> 1 kg d'épaule de mouton
> 2 oignons
> 1 pincée de cumin
> 1 pincée de safran
> 1 pincée de gingembre
> 1 gousse d'ail
> 1 bouquet de coriandre
> 300 g d'amandes
> 6 œufs durs
> huile
> sel, poivre

Les tajines

Tajine de mouton aux haricots verts et aux tomates

Pour 6 personnes

Temps de cuisson : 1 h 25

- > 1 kg d'épaule de mouton
- > 1 kg de haricots verts frais
- > 1 kg de tomates
- > 1 oignon
- > 1 gousse d'ail
- > 1/2 cuillère à café de safran
- > 1/2 cuillère à café de gingembre
- > 1 bouquet de coriandre
- > sel, poivre

Découper le mouton en morceaux et le mettre dans un faitout. ¶ Ajouter le safran, le gingembre, l'ail écrasé, l'oignon émincé, la coriandre hachée, le sel et le poivre. ¶ Couvrir d'eau froide. Porter à ébullition et faire cuire à petits bouillons pendant 1 heure. ¶ Retirer les morceaux de mouton et les réserver. ¶ Dans le même bouillon, faire cuire les haricots verts et les tomates coupées en quartiers pendant 1/4 d'heure. ¶ Mettre le mouton, les haricots verts et les tomates dans un tajine. ¶ Faire réduire le bouillon jusqu'à obtention d'une sauce épaisse. ¶ Verser cette sauce sur la viande et les légumes. ¶ Faire mijoter le tajine sur feu doux quelques instants avant de servir brûlant.

Tajine de mouton aux pois chiches

Pour 6 personnes

Temps de cuisson : 1 h 30

Découper le mouton en morceaux et le mettre dans un faitout. ¶ Ajouter le safran, le cumin, le piment doux, la coriandre hachée, les pois chiches, le sel, le poivre. ¶ Couvrir d'eau froide. Porter à ébullition et faire cuire à petits bouillons pendant 1 heure. ¶ Puis retirer la viande et la réserver. ¶ Émincer les oignons et les faire cuire dans le bouillon. Faire réduire pendant une vingtaine de minutes. Dresser la viande dans un tajine. Arroser du bouillon réduit, des pois chiches et des oignons. Mettre le plat à chauffer quelques instants sur feu doux avant de servir.

> 1 kg d'épaule de mouton
> 1 kg d'oignons
> 200 g de pois chiches
> 1 pincée de cumin
> 1 pincée de safran
> 1 cuillère à café de piment doux
> 1 bouquet de coriandre
> sel, poivre

Tajine de veau aux carottes

Tajine de veau aux carottes

Pour 6 personnes

Temps de cuisson : 1 h 30

Découper le veau en morceaux et le mettre dans un faitout. ¶ Ajouter le safran, le gingembre, le cumin, l'huile, les oignons coupés en morceaux, le sel et le poivre. ¶ Couvrir d'eau froide. Porter à ébullition et faire cuire à petits bouillons pendant 1 heure. ¶ Puis retirer la viande et la réserver. ¶ Laver et gratter les carottes. Les couper en bâtonnets et les mettre dans le faitout. Les faire cuire dans le bouillon pendant une vingtaine de minutes. ¶ Retirer les carottes et les réserver. Faire réduire le bouillon jusqu'à obtenir une sauce onctueuse. ¶ Dresser la viande et les carottes dans un tajine et arroser de sauce. ¶ Mettre le plat à chauffer quelques instants sur feu doux avant de servir.

> 1 kg de jarret de veau
> 2 kg de carottes
> 2 oignons
> 1 pincée de safran
> 1 pincée de gingembre
> 1 pincée de cumin
> 3 cuillères à soupe d'huile d'arachide
> sel, poivre

Tajine de veau aux cardons

Pour 6 personnes

Temps de cuisson : 1 h 35

Découper le veau en morceaux et le mettre dans un faitout. ¶ Ajouter le safran, l'huile, les oignons coupés en morceaux, le sel et le poivre. ¶ Couvrir d'eau froide. Porter à ébullition et faire cuire à petits bouillons pendant 1 heure. ¶ Puis retirer la viande et la réserver. ¶ Nettoyer les cardons et les couper en tronçons de 3 cm. Les faire cuire dans le bouillon additionné du jus de deux citrons pendant une vingtaine de minutes. ¶ Retirer les cardons et les réserver. Faire réduire le bouillon jusqu'à obtenir une sauce onctueuse. ¶ Dresser la viande et les cardons dans un tajine et arroser de sauce.

Mettre le plat à chauffer quelques instants sur feu doux avant de servir.

> 1 kg de jarret de veau
> 2 kg de cardons
> 2 oignons
> 1/2 cuillère à café de safran
> 2 citrons
> 3 cuillères à soupe d'huile d'arachide
> sel, poivre

Tajine de veau aux poires

Pour 6 personnes
Temps de cuisson : 1 h 30

- > 1 kg de jarret de veau
- > 2 kg de poires
- > 1/2 cuillère à café de safran
- > 1 cuillère à café de cannelle
- > 3 cuillères à soupe de miel
- > sel, poivre

Découper le veau en morceaux et le mettre dans un faitout. ¶ Ajouter le safran, la cannelle, le sel et le poivre. ¶ Couvrir d'eau froide. Porter à ébullition et faire cuire à petits bouillons pendant 1 heure. ¶ Retirer les morceaux de veau et les réserver. ¶ Faire cuire les poires épépinées et coupées en quartiers dans le bouillon pendant une vingtaine de minutes. ¶ Dresser le veau et les poires dans un tajine. Arroser de bouillon réduit et de miel légèrement chauffé. ¶ Mettre le plat au four une dizaine de minutes. ¶ Servir brûlant dans le tajine.

Tajine de veau aux artichauts

Pour 6 personnes

Temps de cuisson : 1 h 30

Découper le veau en morceaux et le mettre dans un faitout. ¶ Ajouter le safran, le piment, les oignons coupés en morceaux, l'huile, le sel et le poivre. ¶ Couvrir d'eau froide. Porter à ébullition et faire cuire à petits bouillons pendant 1 heure. ¶ Puis retirer la viande et la réserver. ¶ Mettre les fonds d'artichauts dans le faitout, et faire cuire dans le bouillon pendant une vingtaine de minutes. ¶ Retirer les fonds d'artichauts et les réserver. Couper l'écorce des citrons confits et les mettre dans le bouillon. Faire réduire jusqu'à obtenir une sauce onctueuse. ¶ Dresser la viande et les fonds d'artichauts dans un tajine. Arroser de sauce et décorer avec les écorces de citrons. Mettre le plat à chauffer quelques instants sur feu doux avant de servir.

> 1 kg de jarret de veau
> 2 kg de fonds d'artichauts
> 2 oignons
> 1/2 cuillère à café de safran
> 1 cuillère à café de piment doux
> 2 citrons confits
> 3 cuillères à soupe d'huile d'arachide
> sel, poivre

Tajine de veau au chou-fleur

Pour 6 personnes

Temps de cuisson : 1 h 30

Découper le veau en morceaux et le mettre dans un faitout. ¶ Ajouter le safran, le piment, la coriandre hachée, les oignons coupés en morceaux, l'huile, le sel et le poivre. ¶ Couvrir d'eau froide. Porter à ébullition et faire cuire à petits bouillons pendant 1 heure. ¶ Puis retirer la viande et la réserver. ¶ Nettoyer le chou-fleur, le séparer en petits bouquets et le mettre dans le faitout. Ajouter le jus de deux citrons dans le bouillon et faire cuire pendant une vingtaine de minutes. ¶ Retirer les bouquets de chou-fleur et les réserver. Faire réduire jusqu'à obtenir une sauce onctueuse. ¶ Dresser la viande et le chou-fleur dans un tajine et arroser de sauce. ¶ Mettre le plat à chauffer quelques instants sur feu doux avant de servir.

> 1 kg de jarret de veau
> 2 kg de chou-fleur
> 2 oignons
> 1/2 cuillère à café de safran
> 1 cuillère à café de piment doux
> 1 bouquet de coriandre
> 2 citrons
> 3 cuillères à soupe d'huile d'arachide
> sel, poivre

Les tajines

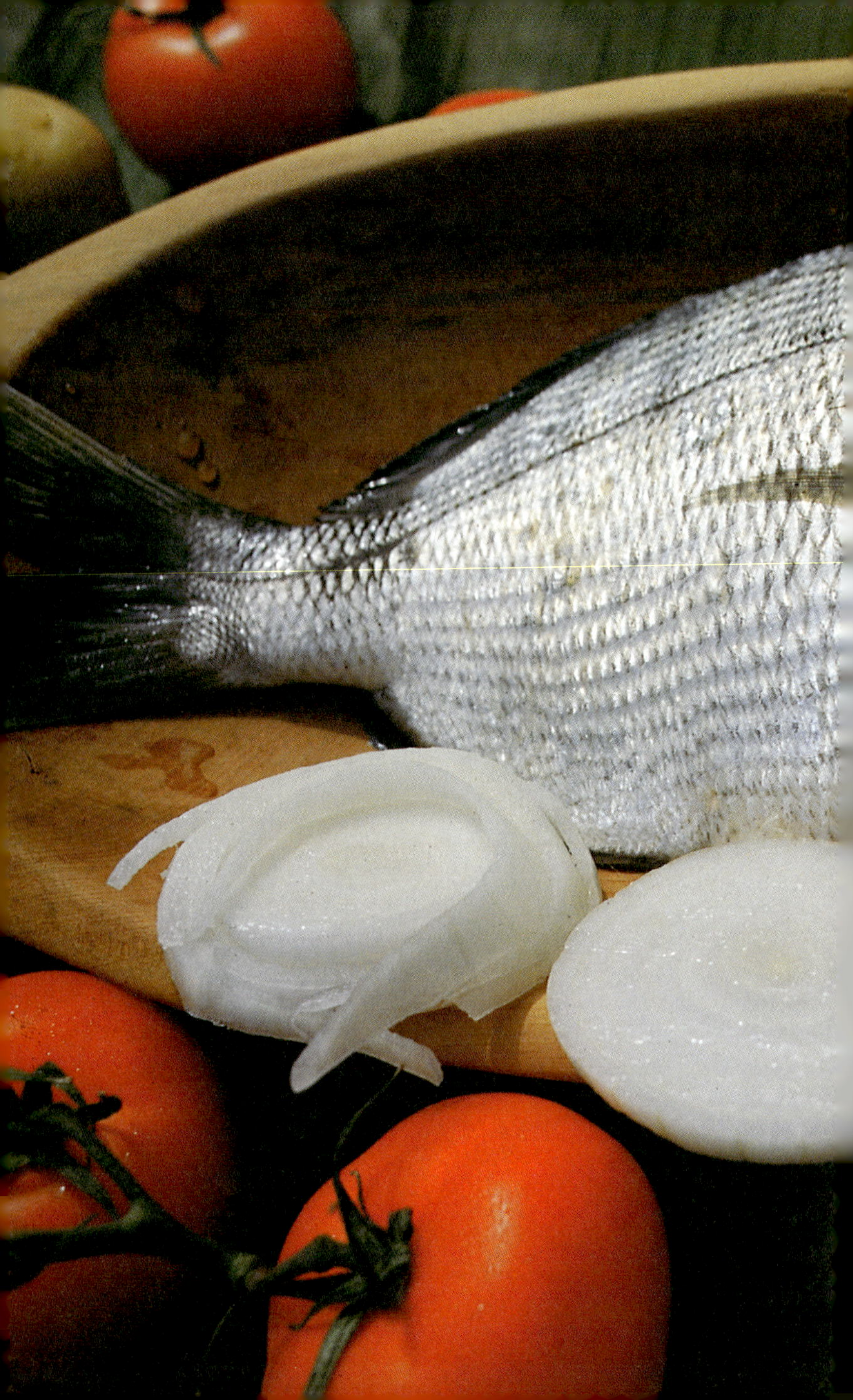

Les poissons

Poisson en tajine

Pour 4 personnes
Temps de cuisson : 30 min

> 1 kg de poisson (merlu, dorade, mulet...)
> 1 bouquet de coriandre
> 4 gousses d'ail
> 2 citrons
> 1 cuillère à café de cumin
> 2 cuillères à café de piment doux
> 1/2 cuillère à café de piment fort
> 1 tasse d'huile
> 1/2 tasse d'eau
> 1 citron confit
> 1 oignon
> sel

Nettoyer le poisson et le couper en gros morceaux ou en tranches. ¶ Préparer une marinade (*tchermoula*), en mélangeant la coriandre hachée, les gousses d'ail écrasées, le cumin, le piment doux, le piment fort, le sel, le jus de citron, l'eau et l'huile. Faire mariner le poisson dans cette préparation pendant 2 heures. ¶ Au fond d'un tajine, aligner des rondelles d'oignons. Poser le poisson mariné sur celles-ci ; cette méthode évite que le poisson attache au fond du plat. Les Marocains utilisent également des bouts de roseaux. ¶ Arroser d'un verre de marinade et faire cuire sur feu doux pendant 1/2 heure. ¶ Servir directement dans le tajine. Décorer de tranches de citron confit.

Poisson en tajine (deuxième recette)

Pour 4 personnes

Temps de cuisson : 30 min

Nettoyer le poisson et le couper en gros morceaux ou en tranches. ¶ Préparer une marinade (*tchermoula*) comme dans la recette précédente. Faire mariner le poisson dans cette préparation pendant 2 heures. ¶ Gratter les carottes et les couper en bâtonnets. Les mettre au fond d'un faitout. ¶ Poser les tranches de poisson dessus. Recouvrir de tomates coupées en dés. ¶ Ajouter les olives noires, un verre de marinade et un verre d'eau. ¶ Faire mijoter à feu doux pendant 1/2 heure.

> 1 kg de poisson (merlu, dorade, mulet...)
> 1 bouquet de coriandre
> 4 gousses d'ail
> 2 citrons
> 1 c. à café de cumin
> 2 c. à café de piment doux
> 1/2 c. à café de piment fort
> 1 tasse d'huile
> 1/2 tasse d'eau
> 1 kg de carottes
> 3 tomates
> 1 douzaine d'olives noires
> sel

Poisson au four

Pour 4 personnes

Temps de cuisson : 40 min

Comme dans la recette précédente, préparer une marinade (*tchermoula*) en mélangeant la coriandre hachée, l'ail écrasé, le cumin, le piment doux, le piment fort, le sel, le jus de citron, l'huile et l'eau. ¶ Nettoyer et vider la daurade. Entailler le dos du poisson et le faire mariner pendant 2 heures. ¶ Peler les pommes de terre et les couper en tranches fines. ¶ Disposer les tranches de pommes de terre au fond d'un plat à four. Poser le poisson dessus. ¶ Couper les tomates et l'oignon en tranches, et en recouvrir le poisson. ¶ Arroser d'un verre de marinade. ¶ Faire cuire à four moyen 40 minutes. ¶ En cours de cuisson, arroser le poisson avec un peu de marinade, pour éviter que les tomates soient trop sèches.

> 1 loup ou une dorade de 1 kg
> 1 bouquet de coriandre
> 4 gousses d'ail
> 2 citrons
> 1 c. à café de cumin
> 2 c. à café de piment doux
> 1/2 c. à café de piment fort
> 1 tasse d'huile
> 1/2 tasse d'eau
> 500 g de pommes de terre
> 500 g de tomates
> 1 oignon
> sel

Merlans à la tomate

Pour 4 personnes

> 1 kg de merlans
> 1,5 kg de tomates
> 1 bouquet de coriandre
> 1 c. à café de cumin
> 1 pincée de piment fort
> huile
> sel

Temps de cuisson : 45 min

Peler les tomates après les avoir trempées quelques minutes dans l'eau bouillante. Les épépiner et les couper en dés. ¶ Les mettre dans une casserole et les faire cuire à feu doux et à découvert pendant une demi-heure. Ajouter la coriandre hachée, le cumin, le piment et le sel. ¶ Laver et vider les merlans. Les aligner entiers dans un tajine et les recouvrir de la purée de tomate. ¶ Mettre le tajine sur le feu, et faire mijoter à couvert pendant 1/2 heure. ¶ Servir les merlans nappés de sauce tomate.

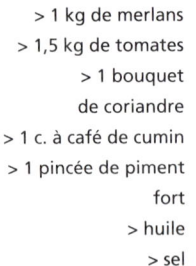

Alose frite

Pour 4 personnes

> 1 alose de 1 kg
> 1 bouquet de coriandre
> 4 gousses d'ail
> 2 citrons
> 1 c. à café de cumin
> 2 c. à café de piment doux
> 1/2 c. à café de piment fort
> 2 tasses d'huile
> 1/2 tasse d'eau
> 1 kg de merlans
> 1,5 kg de tomates
> 1 bouquet de coriandre
> 1 c. à café de cumin
> 1 pincée de piment fort
> huile, sel

Temps de cuisson : 30 min

Nettoyer l'alose et la couper en gros morceaux ou en tranches. ¶ Préparer une marinade (*tchermoula*), en mélangeant la coriandre hachée, les gousses d'ail écrasées, le cumin, le piment doux, le piment fort, le sel, le jus de citron, l'eau et une tasse d'huile. ¶ Faire mariner le poisson dans cette préparation pendant 4 heures. ¶ Égoutter les morceaux d'alose. Les rouler dans la farine. ¶ Faire chauffer une tasse d'huile dans une poêle, et faire cuire le poisson dans l'huile bouillante, environ 1/4 d'heure. ¶ Retourner fréquemment les morceaux de poisson et les retirer quand ils sont bien dorés. ¶ Ce poisson ainsi préparé peut se manger froid ou chaud.

Alose farcie aux dattes

Pour 4 personnes
Temps de cuisson : 45 min

Faire cuire la semoule de couscous à la vapeur. Y incorporer 50 g de beurre, une pincée de sel et de cannelle et la laisser refroidir. ¶ Dénoyauter les dattes et les farcir avec la semoule froide. ¶ Nettoyer l'alose, la vider et la farcir de dattes. ¶ Recoudre le ventre du poisson et le mettre dans un plat à four. L'arroser d'un filet d'huile et d'un demi-verre d'eau. Saler et mettre à four moyen pendant 40 minutes. ¶ Dix minutes avant la fin de la cuisson, ouvrir délicatement le ventre du poisson et en retirer les dattes. Les disposer autour du poisson et laisser dorer encore 10 minutes avant de servir.

> 1 alose de 1 kg
> 200 g de dattes
> 50 g de semoule à couscous
> 50 g de beurre
> 1 pincée de cannelle
> huile
> sel

Alose aux fèves

Pour 4 personnes
Temps de cuisson : 30 min

Nettoyer le poisson et le couper en gros morceaux. ¶ Préparer une marinade (*tchermoula*), en mélangeant la coriandre hachée, les gousses d'ail écrasées, le cumin, le piment doux, le piment fort, le sel, le jus de citron, l'eau et l'huile. ¶ Faire mariner le poisson dans cette préparation pendant 4 heures. ¶ Faire cuire les fèves pendant 20 minutes dans l'eau bouillante salée. Les égoutter et les réserver. ¶ Dans un faitout, mettre les morceaux d'alose et un verre de marinade. ¶ Faire mijoter à feu couvert pendant une demi-heure, puis ajouter les fèves et le reste de la marinade. ¶ Laisser cuire encore un quart d'heure avant de servir.

> 1 alose de 1 kg
> 1 kg de fèves fraîches
> 1 bouquet de coriandre
> 4 gousses d'ail
> 2 citrons
> 1 c. à café de cumin
> 2 c. à café de piment doux
> 1/2 c. à café de piment fort
> 1 tasse d'huile
> 1/2 tasse d'eau
> sel

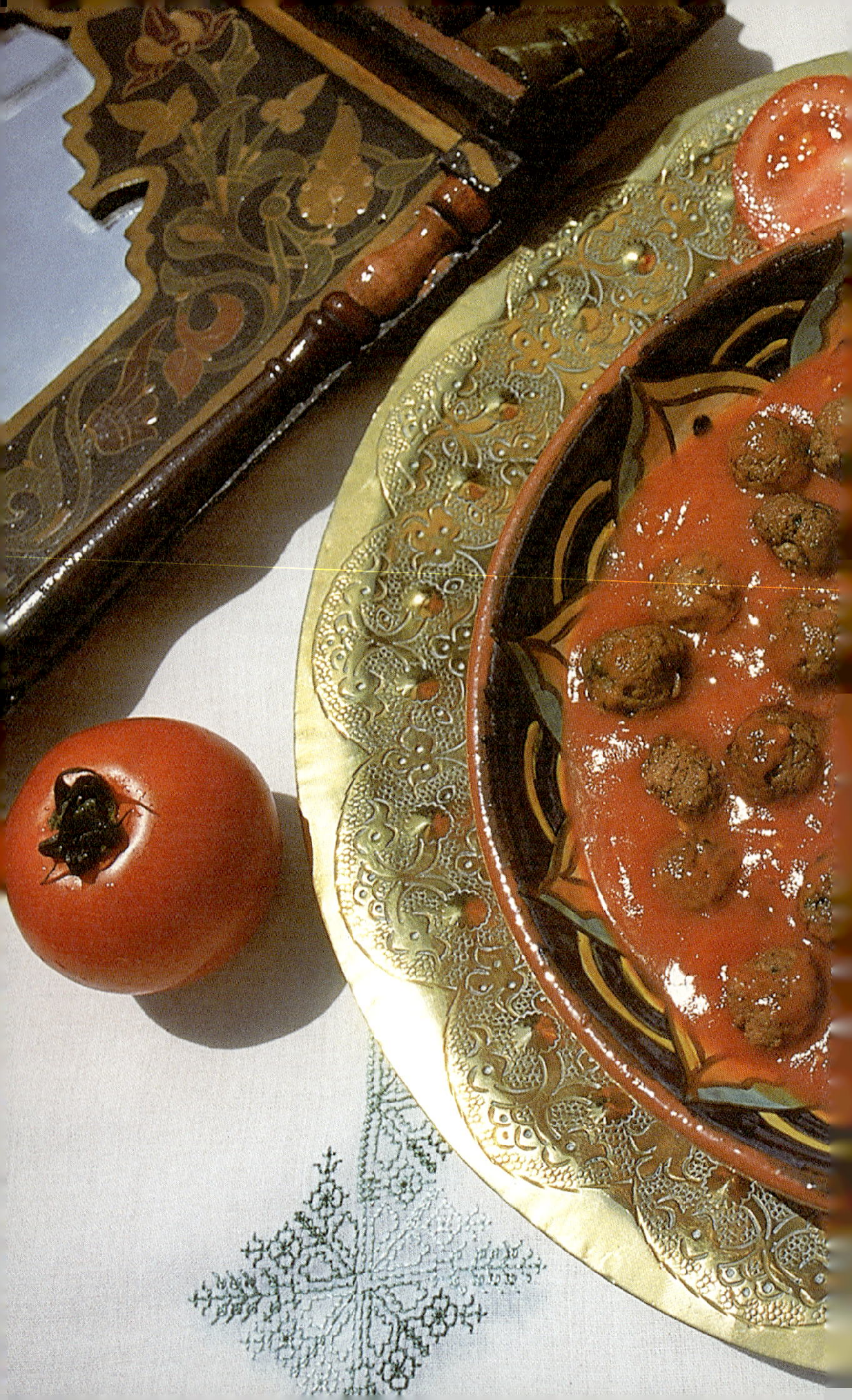

Les viandes

Brochettes de mouton (*kabab*)
Pour 6 personnes

- 1 kg de gigot de mouton
- 200 g de graisse de mouton
- 1 oignon
- 1 bouquet de persil
- sel, poivre

Temps de cuisson : 5 à 10 min

Découper la viande de mouton en cubes. Faire de même avec la graisse, mais en cubes plus petits (demander au boucher de la graisse de rognons de mouton ou de veau). ¶ Hacher finement l'oignon et le persil. Mélanger soigneusement ce hachis avec les morceaux de viande et de graisse, le sel et le poivre. ¶ Laisser reposer 1 heure. ¶ Enfiler cette préparation sur les brochettes, en intercalant un morceau de viande avec un morceau de graisse. ¶ Faire cuire sur un *canoun* (sorte de petit barbecue marocain en terre cuite) ou sur un barbecue classique, une dizaine de minutes, en retournant souvent les brochettes. ¶ Servir aussitôt.

Brochettes de foie (*boulfaf*)

Pour 6 personnes

Temps de cuisson : 5 à 10 min

Couper le foie en cubes. ¶ Hacher la coriandre et la mélanger aux morceaux de foie. Ajouter le cumin, le piment doux, le sel et le poivre. ¶ Bien mélanger et laisser reposer quelques minutes. ¶ Enfiler les morceaux de foie sur les brochettes et faire griller au feu de bois sur un *canoun* (petit barbecue marocain en terre cuite) ou un barbecue classique. Retourner fréquemment les brochettes. ¶ Selon convenance, ajouter une pincée de piment fort sur les brochettes.

> 1 kg de foie de mouton
> 1 c. à café de cumin
> 1 c. à café de piment doux
> 1 bouquet de coriandre
> sel, poivre

Brochettes de viande hachée (*kefta*)

Pour 6 personnes

Temps de cuisson : 5 à 10 min

> 500 g de viande hachée de mouton
> 100 g de graisse hachée de mouton (graisse de rognons)
> 1 c. à café de *ras el hanout* (mélange d'épices vendu en flacons dans tous les commerces)
> 1 c. à café de cumin
> 1 c. à café de piment doux
> 1 pincée de piment fort
> 1 oignon
> 1 bouquet de coriandre
> sel

Mélanger soigneusement la viande et la graisse hachée, la coriandre hachée, les épices et l'oignon finement haché. Pétrir le mélange pendant quelques minutes et laisser reposer pendant 1/2 heure. ¶ Se mouiller les mains et prélever une boule de hachis de viande de la grosseur d'un œuf ; l'entourer autour de la brochette en forme de petite saucisse bien tassée. ¶ Faire cuire sur le *canoun* (sorte de petit barbecue marocain en terre cuite) ou sur un barbecue classique, quelques minutes de chaque côté.

Kefta aux œufs

Pour 6 personnes

Temps de cuisson : 25 min

Mélanger soigneusement la viande et la graisse hachée, le sel, la coriandre hachée, les épices et l'oignon finement haché. Pétrir le mélange pendant quelques minutes et laisser reposer pendant 1/2 heure. ¶ Se mouiller les mains et faire des petites boulettes de la grosseur d'une grosse bille. Ne pas hésiter à se mouiller souvent les mains, afin que le hachis soit moins collant. ¶ Mettre le beurre et la demi-tasse d'eau dans un tajine. Faire bouillonner ce mélange sur un feu doux. ¶ Y verser les boulettes de kefta. Faire cuire à petit feu pendant une vingtaine de minutes. ¶ Au moment de servir, casser les œufs dans le tajine, les saler et les laisser cuire quelques instants. Retirer du feu dès que le blanc d'œuf prend consistance. ¶ Servir immédiatement.

> 500 g de viande hachée de mouton
> 100 g de graisse hachée de mouton (graisse de rognons)
> 1 c. à café de *ras el hanout* (mélange d'épices vendu en flacons dans tous les commerces)
> 1 c. à café de cumin
> 1 c. à café de piment doux
> 1 pincée de piment fort
> 1 oignon
> 1 bouquet de coriandre
> 6 œufs
> 1/2 tasse d'eau
> 100 g de beurre
> sel

Les viandes

Kefta aux courgettes

Pour 6 personnes
Temps de cuisson : 10 min

- > 500 g de viande hachée de mouton
- > 100 g de graisse hachée de mouton (graisse de rognons)
- > 1 cuillère à café de *ras el hanout*
- > 1 c. à café de cumin
- > 1 cuillère à café de piment doux
- > 1 pincée de piment fort
- > 1 oignon
- > 1 bouquet de coriandre
- > 1 kg de courgettes
- > huile
- > sel

Hacher finement l'oignon et la coriandre. ¶ Mélanger soigneusement la viande, la graisse, le sel, la coriandre, les épices et l'oignon. ¶ Pétrir le mélange pendant quelques minutes et laisser reposer pendant 1/2 heure. ¶ Se mouiller les mains et faire des petites boulettes de la grosseur d'une grosse bille. Ne pas hésiter à se mouiller souvent les mains, afin que le hachis soit moins collant. ¶ Laver les courgettes, bien les essuyer et les couper en rondelles de 3 cm d'épaisseur. ¶ Évider le centre des courgettes contenant les graines. Enfoncer dans le creux ainsi formé de chaque rondelle de courgette, une boulette de kefta. ¶ Aplatir doucement la viande hachée pour qu'elle ne dépasse pas trop de la courgette. ¶ Faire chauffer deux tasses d'huile d'arachide dans une poêle et y faire frire les rondelles de courgettes farcies quelques minutes de chaque côté. ¶ Égoutter sur un papier absorbant avant de servir.

Kefta aux tomates

Pour 6 personnes

Temps de cuisson : 20 min

Peler les tomates après les avoir trempées dans l'eau bouillante ; les épépiner et les couper en morceaux. ¶ Les mettre dans une poêle et les faire cuire jusqu'à évaporation de leur eau, pendant environ 1/2 heure. À la fin de la cuisson, ajouter une cuillère à soupe d'huile. Éteindre le feu et réserver. ¶ Hacher finement l'oignon et la coriandre. ¶ Mélanger soigneusement la viande, la graisse, le sel, la coriandre, les épices et l'oignon. ¶ Pétrir le mélange pendant quelques minutes et laisser reposer pendant 1/2 heure. ¶ Se mouiller les mains et faire des petites boulettes de la grosseur d'une grosse bille. Ne pas hésiter à se mouiller souvent les mains, afin que le hachis soit moins collant. ¶ Mettre 2 cuillères à soupe d'huile dans un tajine et y verser les boulettes de kefta. ¶ Faire cuire à petit feu pendant une dizaine de minutes, puis ajouter la purée de tomates. ¶ Laisser mijoter 10 minutes avant de servir.

> 500 g de viande hachée de mouton
> 100 g de graisse hachée de mouton (graisse de rognons)
> 1 c. à café de *ras el hanout* (mélange d'épices vendu en flacons dans tous les commerces)
> 1 c. à café de cumin
> 1 c. à café de piment doux
> 1 pincée de piment fort
> 1 oignon
> 1 bouquet de coriandre
> 1 kg de tomates
> huile d'arachide
> sel

Épaule d'agneau dorée (*lham mhamar*)

Pour 6 personnes
Temps de cuisson : 1 h 15

> 1 épaule d'agneau de 1 kg
> 1/2 c. à café de safran
> 1 c. à café de piment doux
> 1 pincée de gingembre
> 1 pincée de cumin
> 1 oignon
> 2 gousses d'ail
> 1 bouquet de coriandre
> 100 g de beurre
> huile d'arachide
> sel

Délayer le safran dans 1/2 verre d'eau salée. ¶ Enduire longuement l'épaule d'agneau de ce mélange. Bien masser la viande et la mettre dans un faitout. ¶ Couvrir à moitié d'eau froide. ¶ Ajouter le bouquet de coriandre, l'oignon coupé en quartiers, les gousses d'ail écrasées, le gingembre, le cumin, le piment doux et le sel. ¶ Porter à ébullition et laisser cuire à petits bouillons pendant 1 heure. ¶ Retirer et égoutter la viande. Faire réduire le bouillon de cuisson à petit feu. ¶ Faire chauffer le beurre dans une poêle et y faire dorer l'épaule d'agneau de toutes parts. ¶ Disposer l'épaule dans le plat de service. ¶ Arroser du bouillon réduit et filtré. ¶ Servir avec des pommes de terre rissolées au beurre.

Quartier de mouton rôti

Pour 10 personnes
Temps de cuisson : 2 h

Frotter le quartier de mouton avec les épices. Décoller légèrement la peau afin d'introduire un peu de mélange d'épices. ¶ Placer le quartier de mouton dans un plat à four. Arroser d'un verre d'eau. Faire cuire à four moyen pendant 2 heures. ¶ À mi-cuisson, retourner le quartier de mouton. Arroser fréquemment, ajouter un peu d'eau si nécessaire. La peau doit être bien croustillante.

> 1 quartier de mouton de 3 kg environ
> 2 c. à café de piment doux
> 2 c. à café de cumin
> 1 c. à café de gingembre
> sel

Méchoui

Pour 30 personnes
Temps de cuisson : 3 h

Le méchoui est un mouton entier qui se cuit devant un feu de bois à l'extérieur. Enduire le mouton de beurre et de sel. L'enfiler sur une solide broche, qui reposera sur deux piques et maintiendra le mouton à 50 centimètres du sol. Le feu de bois est réparti de chaque côté du mouton, et non dessous. Au bout de 3 heures environ de cuisson, retirer le mouton et le découper. Assaisonner de sel et de cumin et servir aussitôt.

> 1 mouton
> 1 kg de beurre
> 5 c. à soupe de cumin
> sel

Les viandes

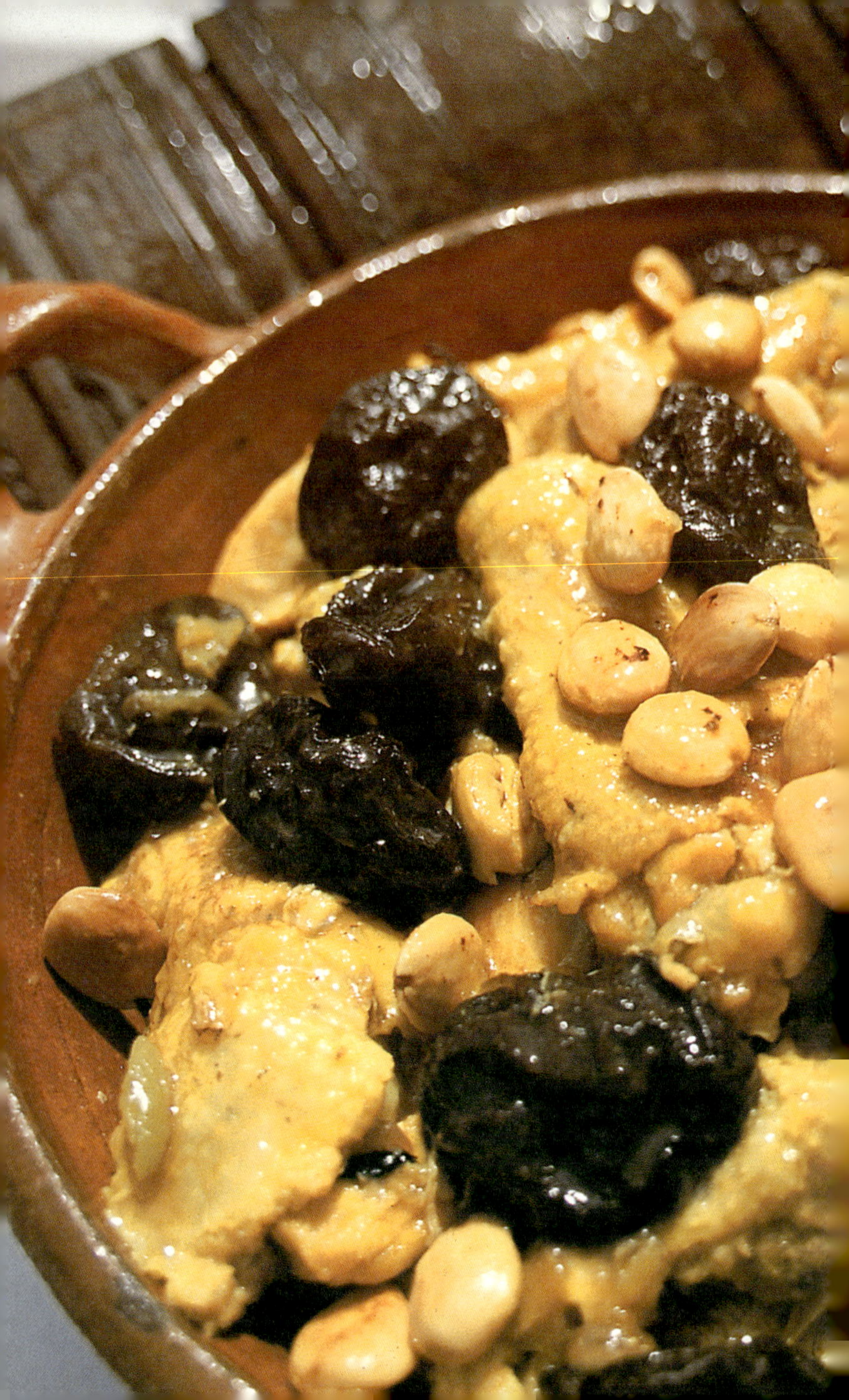

Les volailles

Poulet aux olives

Poulet aux olives

Pour 4 personnes
Temps de cuisson : 1 h 10

Découper le poulet en morceaux et le faire revenir dans un faitout avec un peu d'huile d'arachide. ¶ Quand les morceaux sont dorés, ajouter les deux oignons émincés. Bien mélanger et laisser rissoler quelques minutes à feu doux. ¶ Verser 2 verres d'eau dans le faitout. ¶ Saler, poivrer, saupoudrer de piment doux et de gingembre et laisser cuire à petits bouillons pendant 45 minutes. ¶ Pendant ce temps, ébouillanter les olives quelques minutes. ¶ Les égoutter et les écraser légèrement avec une fourchette. ¶ Quand le poulet est cuit, ajouter les olives et laisser mijoter environ 1/4 d'heure avant de servir.

> 1 poulet
> 300 g d'olives vertes dénoyautées
> 2 oignons
> 1 pincée de piment doux
> 1/2 c. à café de gingembre
> huile
> sel, poivre

Poulet au miel

Pour 4 personnes
Temps de cuisson : 1 h 10

Découper le poulet en morceaux et le faire revenir dans un faitout avec un peu d'huile d'arachide. ¶ Quand les morceaux sont dorés, ajouter les trois oignons émincés. Bien mélanger et laisser rissoler quelques minutes à feu doux. Verser deux verres d'eau dans le faitout. ¶ Saler, poivrer, saupoudrer de cannelle et laisser cuire à petits bouillons pendant 45 minutes. ¶ Ajouter le miel et laisser réduire pendant 1/4 d'heure. ¶ Passer les graines de sésame sous la grille du four pendant quelques instants. ¶ Dresser le poulet au miel dans un plat. ¶ Décorer avec les graines de sésame et servir.

> 1 poulet
> 2 c. à café de graines de sésame
> 3 oignons
> 2 c. à soupe de miel
> 1/2 c. à café de cannelle
> huile
> sel, poivre

Poulet aux amandes et aux oignons

Pour 4 personnes

Temps de cuisson : 1 h 10

- > 1 poulet
- > 150 g d'amandes émondées
- > 3 oignons
- > 1/2 cuillère à café de piment doux
- > 1/2 cuillère à café de safran
- > huile
- > sel, poivre

Découper le poulet en morceaux et le faire revenir dans un faitout avec un peu d'huile d'arachide. ¶ Quand les morceaux sont dorés, ajouter les trois oignons émincés. Bien mélanger et laisser rissoler quelques minutes à feu doux. Verser deux verres d'eau dans le faitout. ¶ Ajouter les amandes. ¶ Saler, poivrer, saupoudrer de piment doux et de safran et laisser cuire à petits bouillons pendant 1 heure. ¶ Retirer les morceaux de poulet, et les réserver au chaud. ¶ Faire réduire le bouillon quelques minutes. ¶ Dresser le poulet dans un tajine, arroser de sauce aux amandes et aux oignons et servir.

Poulet aux pruneaux

Pour 4 personnes

Temps de cuisson : 1 h 10

Faire gonfler les pruneaux pendant 2 heures dans de l'eau tiède. ¶ Découper le poulet en morceaux et le faire revenir dans un faitout avec un peu d'huile d'arachide. ¶ Quand les morceaux sont dorés, ajouter les deux oignons émincés. ¶ Bien mélanger et laisser rissoler quelques minutes à feu doux. ¶ Verser 2 verres d'eau dans le faitout. Saler, poivrer, saupoudrer de cannelle et de safran et laisser cuire à petits bouillons pendant 45 minutes. ¶ Ajouter les pruneaux et laisser cuire encore 1/4 d'heure. ¶ Faire frire les amandes à la poêle avec un peu d'huile et de sel pendant quelques minutes. ¶ Dresser le poulet et les pruneaux dans un plat rond. ¶ Décorer avec les amandes frites et servir.

> 1 poulet
> 200 g de pruneaux
> 100 g d'amandes émondées
> 2 oignons
> 1/2 c. à café de safran
> 1/2 c. à café de cannelle
> huile
> sel, poivre

Poulet aux pois chiches

Pour 4 personnes

> 1 poulet
> 2 oignons
> 150 g de pois chiches
> 1/2 c. à café de piment doux
> 1/2 c. à café de gingembre
> 1 bouquet de coriandre
> huile
> sel, poivre

Temps de cuisson : 1 h 15

La veille, mettre les pois chiches à tremper dans de l'eau tiède. ¶ Le lendemain, découper le poulet en morceaux et le faire revenir dans un faitout avec un peu d'huile d'arachide. ¶ Quand les morceaux sont dorés, ajouter les oignons émincés. Bien mélanger et laisser rissoler quelques minutes à feu doux. ¶ Ajouter les pois chiches égouttés et mouiller de deux verres d'eau. Saler, poivrer, saupoudrer de piment doux et de gingembre et laisser cuire à petits bouillons pendant une heure. ¶ Un quart d'heure avant la fin de la cuisson, ajouter le bouquet de coriandre hachée. ¶ Ajouter un peu d'eau en cours de cuisson, si nécessaire. ¶ Servir bien chaud.

Poulet aux citrons confits

Pour 4 personnes

> 1 poulet
> 2 oignons
> 1 citron confit
> 1/2 c. à café de safran
> huile
> sel, poivre

Temps de cuisson : 1 h 15

Découper le poulet en morceaux et le faire revenir dans un faitout avec un peu d'huile d'arachide. ¶ Quand les morceaux sont dorés, ajouter les oignons émincés. ¶ Bien mélanger et laisser rissoler quelques minutes à feu doux. ¶ Ajouter les deux verres d'eau. ¶ Saler, poivrer, saupoudrer de safran et laisser cuire à petits bouillons pendant une heure. ¶ Un quart d'heure avant la fin de la cuisson, ajouter les écorces de citron confit coupées en lamelles. ¶ Dresser le poulet dans un plat rond, décorer des écorces de citron et arroser de sauce. ¶ Servir bien chaud.

Poulet aux pois chiches

Poulet en omelette (*mfenned*)

Pour 4 personnes
Temps de cuisson : 1 h

- > 1 poulet
- > 2 oignons
- > 2 gousses d'ail
- > 1/2 c. à café de safran
- > 1/2 c. à café de piment doux
- > 3 œufs
- > huile
- > sel, poivre

Découper le poulet en morceaux et le mettre dans un faitout. ¶ Ajouter les oignons coupés en quatre, les gousses d'ail écrasées, le sel, le poivre, le piment doux et le safran. ¶ Couvrir d'eau. ¶ Faire cuire à petits bouillons pendant 45 minutes. ¶ Égoutter soigneusement les morceaux de poulet. ¶ Battre les œufs dans un saladier avec un peu de sel. ¶ Y plonger les morceaux de poulet, puis les faire frire à la poêle dans suffisamment d'huile d'arachide. ¶ Retirer les morceaux de poulet et les replonger dans les œufs battus. ¶ Les faire frire à nouveau dans la même poêle. ¶ Égoutter le poulet et servir immédiatement.

Poulet aux carottes

Pour 4 personnes

Temps de cuisson : 1 h 10

Découper le poulet en morceaux et le faire revenir dans un faitout avec un peu d'huile d'arachide. Quand les morceaux sont dorés, ajouter les oignons émincés. ¶ Bien mélanger et laisser rissoler quelques minutes à feu doux. Ajouter les 2 verres d'eau. ¶ Saler, poivrer, saupoudrer de cumin, de piment doux et de persil haché et laisser cuire à petits bouillons pendant 1/2 heure. ¶ Gratter les carottes et les couper en bâtonnets. ¶ Les mettre dans le faitout et laisser cuire encore 1/2 heure. ¶ Dresser le poulet et les carottes dans un plat rond, arroser de sauce et servir.

> 1 poulet
> 2 oignons
> 1 kg de carottes
> 1/2 c. à café de cumin
> 1/2 c. à café de piment doux
> 1 bouquet de persil
> 1 douzaine d'olives vertes
> huile
> sel, poivre

Poulet aux navets

Pour 4 personnes

Temps de cuisson : 1 h 15

Découper le poulet en morceaux et le faire revenir dans un faitout avec un peu d'huile d'arachide. Quand les morceaux sont dorés, ajouter les deux oignons émincés. ¶ Bien mélanger et laisser rissoler quelques minutes à feu doux. ¶ Ajouter les deux verres d'eau. ¶ Saler, poivrer, saupoudrer de cumin et de piment doux et laisser cuire à petits bouillons pendant 1/2 heure. ¶ Peler et découper les navets en quartiers. Les mettre dans le faitout et laisser cuire encore 1/2 heure. ¶ Dresser le poulet dans un plat rond, l'entourer des quartiers de navets, arroser de sauce et servir.

> 1 poulet
> 2 oignons
> 1 kg de navets
> 1/2 c. à café de cumin
> 1/2 c. à café de piment doux
> huile
> sel, poivre

Les volailles

Poulet farci à la semoule

Pour 4 personnes

> 1 poulet
> 150 g de semoule à couscous
> 100 g de raisins secs
> 50 g de beurre
> 2 c. à café de sucre
> 1/2 c. à café de *ras el hanout* (mélange d'épices qui se trouve dans tous les commerces)
> 1/2 c. à café de cannelle
> 1/2 c. à café de gingembre
> 3 c.à soupe d'huile
> sel, poivre

Temps de cuisson : 1 h 15

Faire cuire la semoule dans de l'eau bouillante ou à la vapeur. L'égoutter et y incorporer le beurre, les raisins secs, la cannelle, le sucre, un peu de sel et de poivre et le *ras el hanout*. Bien mélanger. ¶ Farcir le poulet cru avec cette préparation, le recoudre et le ficeler. ¶ Placer le poulet farci dans un faitout et couvrir aux trois quarts d'eau. Dans le bouillon de cuisson, ajouter un peu de sel et le gingembre. ¶ Faire cuire à petit feu pendant une heure et quart, en retournant souvent le poulet. ¶ Découper le poulet et le dresser dans un plat. Servir la farce à part.

Poulet farci au riz

Cette recette s'exécute de la même façon que le poulet farci à la semoule ; il suffit de remplacer la semoule par la même quantité de riz.

Poulet aux tomates

Pour 4 personnes

Temps de cuisson : 1 h 10

Découper le poulet en morceaux et le faire revenir dans un faitout avec un peu d'huile d'arachide. ¶ Peler les tomates après les avoir ébouillantées quelques instants. ¶ Quand les morceaux de poulet sont dorés, ajouter les tomates pelées et coupées en morceaux, le sel, le poivre, le cumin et la coriandre hachée. ¶ Bien mélanger et laisser cuire à feu doux et à couvert pendant 1 heure. ¶ Quand le poulet est cuit, le retirer et le réserver. ¶ Faire réduire la purée de tomates à découvert pendant quelques minutes. ¶ Au moment de servir, remettre les morceaux de poulet à chauffer dans la purée de tomates. ¶ Servir le poulet nappé de sauce.

> 1 poulet
> 2 kg de tomates
> 1/2 c. à café de cumin
> 1/2 c. à café de piment doux
> 1 bouquet de coriandre
> huile
> sel, poivre

Les volailles

Dinde dorée (*mhamar*)

Pour 8 personnes

> 1 dinde
> 1/2 c. à café de safran
> 1 c. à café de piment doux
> 1 pincée de gingembre
> 1 pincée de cumin
> 1 oignon
> 2 gousses d'ail
> 1 bouquet de coriandre
> 100 g de beurre
> huile d'arachide
> sel

Temps de cuisson : 1 h 30

Découper la dinde en morceaux. ¶ Délayer le safran dans un demi-verre d'eau salée. ¶ Enduire longuement les morceaux de dinde de ce mélange puis les mettre dans un faitout. Couvrir à moitié d'eau froide. ¶ Ajouter le bouquet de coriandre, l'oignon coupé en quartiers, les gousses d'ail écrasées, le gingembre, le cumin, le piment doux et le sel. ¶ Porter à ébullition et laisser cuire à petits bouillons pendant une heure et quart. ¶ Retirer et égoutter la viande. Faire réduire le bouillon de cuisson à petit feu. ¶ Faire chauffer le beurre dans une poêle et y faire dorer les morceaux de dinde sur toutes les faces. ¶ Servir la dinde nappée du bouillon réduit et filtré.

Dinde farcie à la semoule

Pour 8 personnes

> 1 dinde
> 250 g de semoule à couscous
> 150 g de raisins secs
> 75 g de beurre
> 3 c. à café de sucre
> 1/2 c. à café de *ras el hanout* (mélange d'épices qui se trouve dans tous les commerces)
> 1 c. à café de cannelle
> 1/2 c. à café de gingembre
> 3 c. à soupe d'huile
> sel, poivre

Temps de cuisson : 2 h

Faire cuire la semoule dans de l'eau bouillante ou à la vapeur. ¶ L'égoutter et y incorporer le beurre, les raisins secs, la cannelle, le sucre, un peu de sel, du poivre et le *ras el hanout*. Bien mélanger. ¶ Farcir la dinde crue avec cette préparation, la recoudre et la ficeler. ¶ Placer la dinde farcie dans un faitout et couvrir aux trois quarts d'eau. ¶ Dans le bouillon de cuisson, ajouter un peu de sel et le gingembre. ¶ Faire cuire à petit feu pendant 2 heures, en retournant souvent la dinde. ¶ Découper la dinde et la dresser dans un plat. ¶ Servir la farce à part.

Pigeonneaux aux dattes

Pour 4 personnes

Temps de cuisson : 1 h

Nettoyer et vider les pigeons. ¶ Les faire revenir dans un faitout avec un peu d'huile. Saupoudrer de cannelle, de safran ; saler et poivrer. Faire rissoler les pigeonneaux sous toutes les faces une quinzaine de minutes. ¶ Ajouter un verre d'eau et laisser mijoter une demi-heure. ¶ Mettre les dattes dénoyautées dans le faitout et laisser cuire à nouveau un quart d'heure. Ajouter un peu d'eau si nécessaire en cours de cuisson. ¶ Dresser les pigeonneaux et les dattes sur un plat de service. Arroser du jus de cuisson et servir.

> 4 pigeonneaux
> 600 g de dattes
> 1/2 c. à café de safran
> 1/2 c. à café de cannelle
> huile
> sel, poivre

Les volailles

Pigeonneaux aux amandes et aux graines de sésame

Pigeonneaux aux oignons caramélisés

Pour 4 personnes

Temps de cuisson : 1 h

Nettoyer et vider les pigeonneaux. ¶ Les faire revenir dans un faitout avec un peu d'huile. Saupoudrer de cannelle, de sel et de poivre. ¶ Faire revenir les pigeonneaux sous toutes les faces, puis ajouter les oignons émincés. ¶ Faire rissoler une quinzaine de minutes. ¶ Ajouter un verre d'eau et laisser mijoter une demi-heure. ¶ Délayer le miel dans le jus de cuisson. Bien mélanger et ajouter un peu d'eau si la sauce est trop collante. ¶ Mettre les pigeonneaux dans un plat à four. Les recouvrir des oignons et de la sauce au miel. ¶ Mettre à four chaud une dizaine de minutes. ¶ Servir quand les oignons sont bien caramélisés.

> 4 pigeonneaux
> 1 kg d'oignons
> 2 c. à soupe de miel
> 1/2 c. à café de cannelle
> huile
> sel, poivre

Pigeonneaux aux amandes et aux graines de sésame

Pour 4 personnes

Temps de cuisson : 1 h

Vider les pigeonneaux et les faire revenir dans un faitout avec un peu d'huile d'arachide. Quand les pigeonneaux sont dorés, ajouter les deux oignons émincés. ¶ Bien mélanger et laisser rissoler quelques minutes à feu doux. ¶ Verser 2 verres d'eau dans le faitout. Saler, poivrer, saupoudrer de cannelle et de safran et laisser cuire à petits bouillons pendant 45 minutes. ¶ Faire frire les amandes à la poêle avec un peu d'huile et de sel pendant quelques minutes. Passer les graines de sésame sous la grille du four. ¶ Dresser les pigeonneaux dans un plat. ¶ Décorer avec les amandes frites et les graines de sésame.

> 4 pigeonneaux
> 100 g d'amandes émondées
> 2 oignons
> 2 c. à café de graines de sésame
> 1/2 c. à café de safran
> 1/2 c. à café de cannelle
> huile
> sel, poivre

Les volailles

Pastilla aux pigeons

Pour 8 personnes

Temps de cuisson : 1 h 30

- > 4 pigeons
- > 1 paquet de 10 feuilles de brick ou feuilles à pastilla
- > 2 oignons
- > 1 bouquet de persil
- > 100 g de beurre
- > 6 œufs
- > 1/2 c. à café de safran
- > 1 c. à café de cannelle
- > 2 c. à café de sucre
- > 100 g d'amandes émondées
- > sel, poivre
- > sucre glace

Nettoyer et vider les pigeons. Les mettre dans un faitout. ¶ Saler, poivrer, ajouter le persil et les oignons hachés finement. ¶ Verser un verre d'eau et mettre à cuire à feu doux pendant 45 minutes. ¶ Ajouter un peu d'eau en cours de cuisson, si nécessaire. ¶ Quand les pigeons sont cuits, les retirer et les égoutter. ¶ Laisser le bouillon de cuisson réduire à feu doux pendant quelques minutes en y incorporant le beurre. ¶ Battre les œufs dans un saladier et les verser doucement dans le faitout en remuant sans arrêt. Les faire cuire quelques instants comme des œufs brouillés, puis éteindre le feu. ¶ Découper les pigeons et les désosser. ¶ Faire frire les amandes à l'huile d'arachide puis les concasser grossièrement au mortier. ¶ Mélanger les amandes concassées avec deux cuillères à café de sucre en poudre. Mouiller les feuilles à pastilla, si nécessaire. ¶ Utiliser un grand plat à four rond huilé. ¶ Tapisser le fond d'une couche de feuilles à pastilla en les faisant déborder largement. ¶ Étaler une couche de farce aux œufs brouillés. ¶ Recouvrir la farce d'une deuxième couche de feuilles (sans les faire déborder). ¶ Ajouter les morceaux de pigeons désossés. ¶ Recouvrir d'une troisième couche de feuilles. ¶ Parsemer d'amandes frites concassées et sucrées. ¶ Replier les premières feuilles à pastilla sur le dessus en les collant au jaune d'œuf, puis recouvrir d'une nouvelle couche de feuilles en les faisant déborder, puis replier les bords à l'intérieur, comme pour emballer la pastilla. ¶ Enduire le dessus et les bords de jaune d'œuf. ¶ Faire cuire à four moyen 10 minutes de chaque côté. ¶ Retourner la pastilla comme une omelette en appliquant un plat dessus et en la retournant d'un geste vif et précis puis la remettre dans le moule. ¶ Quand la pastilla est cuite, la retirer du four et la retourner une dernière fois sur le plat de service (la face lisse enduite de jaune d'œuf sur le dessus). ¶ Saupoudrer de sucre glace et de cannelle et servir chaud.

Pastilla aux pigeons

Les volailles

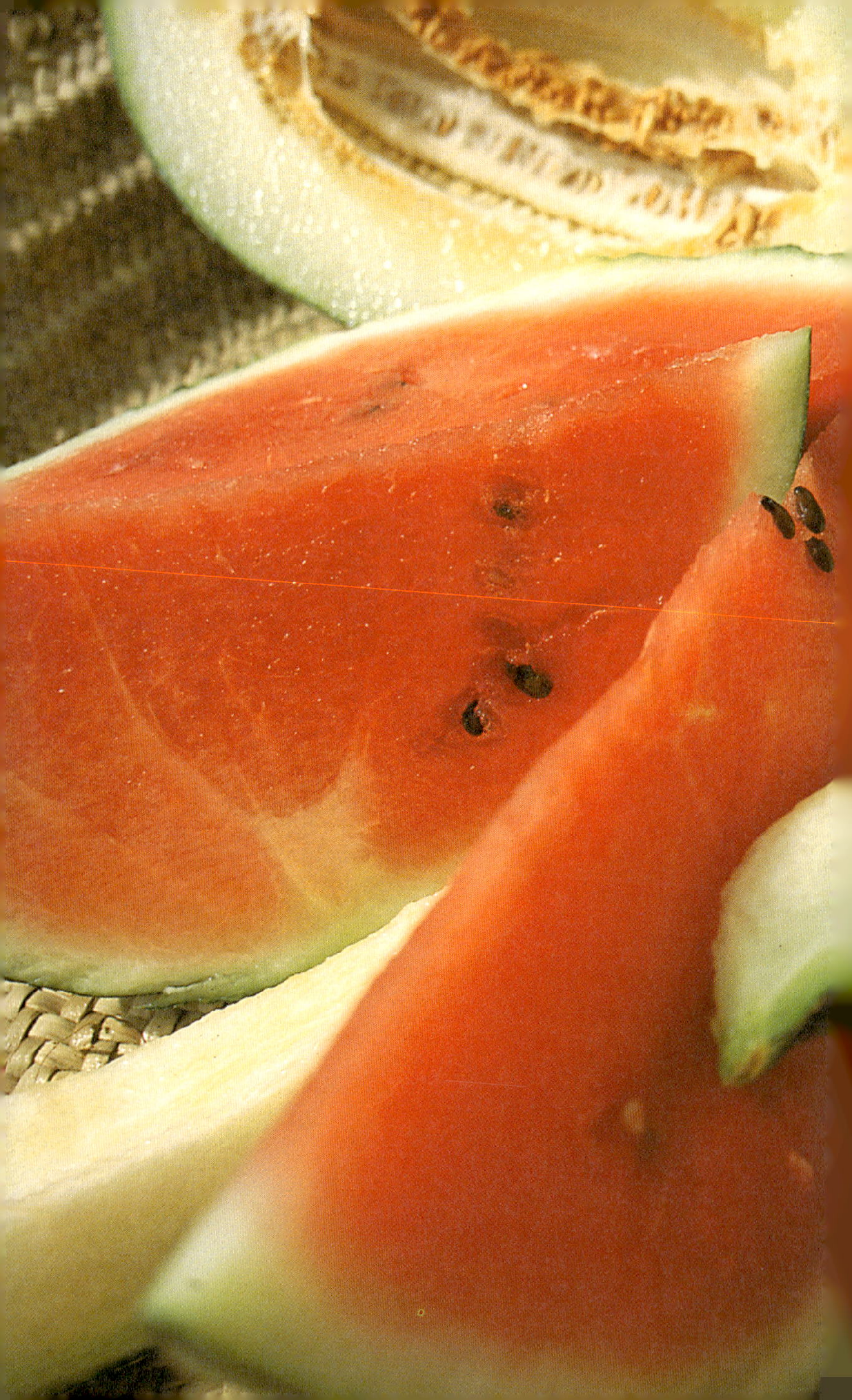

Les desserts

Semoule au lait

Pour 4 personnes

> 1 grande tasse de semoule
> 1 litre de lait
> 1 pincée de sel
> 5 c. à café de sucre
> 2 c. à soupe d'eau de fleur d'oranger
> 1 c. à café de cannelle

Temps de cuisson : 20 min

Faire bouillir le lait. Verser la semoule en pluie, le sel, le sucre et l'eau de fleur d'oranger. Laisser bouillir en remuant souvent pendant 20 minutes. Verser dans un saladier et laisser refroidir. Saupoudrer de cannelle en poudre et servir bien frais.

Crêpes mille trous (*bghrir*)

Pour 4 personnes

> 300 g de farine
> 1/4 litre de lait
> 1/4 litre d'eau
> 2 œufs
> 20 g de levure de boulanger
> 1 pincée de sel

Temps de cuisson : 2 min par crêpe

Mettre la farine et une pincée de sel dans un saladier. Y incorporer les œufs, puis mouiller avec le lait et l'eau. Délayer la levure dans un peu d'eau et la verser dans la pâte. Battre la pâte pendant 10 minutes. ¶ La laisser reposer au moins 3 heures (il est même préférable de la faire la veille). ¶ Faire chauffer un peu d'huile dans une poêle anti-adhésive. Verser une louche de pâte et faire cuire la crêpe assez épaisse à feu doux pendant deux minutes. Des petits trous apparaissent à la surface. ¶ Ne pas retourner la crêpe, qui ne doit être cuite que d'un seul côté. ¶ Faire glisser les crêpes dans un plat. ¶ Servir avec un peu de beurre et de sucre.

Crêpes mille trous

Les desserts

Crêpes feuilletées (*rghaïf*)

Pour 4 personnes

Temps de cuisson : 3 min par crêpe

- > 300 g de farine
- > 10 g de beurre
- > 1 verre d'eau
- > 1 pincée de sel
- > 10 g de levure de boulanger
- > huile d'arachide

Mettre la farine dans un saladier. Ajouter le sel et la levure diluée dans un peu d'eau. Ajouter l'eau en pétrissant fortement la pâte. ¶ Former des petites boules de la taille d'un œuf et les poser sur une plaque huilée. Verser quelques gouttes d'huile sur chaque boule. ¶ Pétrir chaque boule en faisant pénétrer l'huile. Tremper ses mains dans un bol d'huile pour réaliser ce travail. ¶ Étaler chaque boule en les pressant avec la paume de la main. Étirer la pâte dans tous les sens pour obtenir une feuille fine. Replier la feuille vers le centre pour obtenir une sorte de petit paquet carré. ¶ Faire chauffer de l'huile dans une poêle. Faire frire les rghaïfs une ou deux minutes de chaque côté. Servir avec du miel.

Rghaïf aux amandes

Pour 4 personnes

Temps de cuisson : 3 min par crêpe

Passer les amandes au mixer ou utiliser des amandes en poudre. Les mélanger soigneusement avec le sucre. ¶ Ajouter le beurre ramolli et l'eau de fleur d'oranger. Réserver cette farce. ¶ Mettre la farine dans un saladier. Ajouter le sel et la levure diluée dans un peu d'eau. ¶ Ajouter l'eau en pétrissant fortement la pâte. ¶ Former des petites boules de la taille d'un œuf et les poser sur une plaque huilée. ¶ Verser quelques gouttes d'huile sur chaque boule.. ¶ Pétrir chaque boule en faisant pénétrer l'huile. Tremper ses mains dans un bol d'huile pour réaliser ce travail. ¶ Étaler chaque boule en les pressant avec la paume de la main. Étirer la pâte dans tous les sens pour obtenir une feuille fine. ¶ Placer au centre de la feuille une cuillère à soupe de farce aux amandes. ¶ Replier la feuille vers le centre pour obtenir une sorte de petit paquet carré. ¶ Faire chauffer de l'huile dans une poêle. ¶ Faire frire les rghaïfs une ou deux minutes de chaque côté. ¶ Servir avec du miel ou du sucre en poudre.

> 300 g de farine
> 10 g de beurre
> 10 g de levure de boulanger
> 1 verre d'eau
> 1 pincée de sel
> 300 g d'amandes
> 200 g de sucre
> 1 cuillère à soupe d'eau de fleur d'oranger
> 50 g de beurre
> huile d'arachide

Les desserts

Cornes de gazelle au sucre glace

Cornes de gazelle (*kab el ghzal*)

Pour 4 personnes
Temps de cuisson : 20 min

Passer les amandes au mixer ou utiliser des amandes en poudre. Les mélanger soigneusement avec le sucre. Ajouter 50 g de beurre ramolli et l'eau de fleur d'oranger. Réserver cette farce. ¶ Mettre la farine dans un saladier. Ajouter le sel, l'œuf, 50 g de beurre ramolli et l'eau de fleur d'oranger. Ajouter l'eau en pétrissant fortement la pâte. ¶ Étaler la pâte au rouleau sur 3 millimètres d'épaisseur. Former des bandes rectangulaires d'environ 10 cm sur 4 cm. ¶ Déposer au centre de chaque bande, l'équivalent d'une cuillère à café de farce aux amandes façonnée en forme de petite saucisse. Replier la pâte de façon à recouvrir la farce. Découper à la roue dentelée en forme de petit croissant. ¶ Piquer chaque corne de gazelle à l'aide d'une fourchette et les disposer sur une plaque huilée. Mettre à four doux pendant une vingtaine de minutes. ¶ Sortir les cornes de gazelle du four et les laisser refroidir avant de servir.

> 300 g de farine
> 100 g de beurre
> 1/2 verre d'eau
> 1 œuf
> 300 g d'amandes
> 200 g de sucre
> 2 c. à soupe d'eau de fleur d'oranger

Cornes de gazelle au sucre glace (*kab el ghzal mfenned*)

Confectionner les cornes de gazelle selon la recette précédente. Dès qu'elles sont cuites, les sortir du four et les tremper encore chaudes dans de l'eau de fleur d'oranger et les rouler dans le sucre glace.

Briouats au miel

Pour 4 personnes

Temps de cuisson : 20 min

> 1 paquet de feuilles de brick
> 300 g d'amandes
> 200 g de sucre
> 2 c. à soupe d'eau de fleur d'oranger
> 1/2 c. à café de cannelle
> 50 g de beurre
> huile

Faire frire les amandes dans une poêle avec 3 cuillères à soupe d'huile d'arachide. Dès qu'elles sont dorées, les égoutter et les passer au mixer. ¶ Ajouter le sucre, le beurre ramolli, l'eau de fleur d'oranger et une cuillère à soupe de l'huile de friture des amandes. Réserver cette farce. ¶ Mouiller les feuilles de brick si nécessaire, et les étaler sur la table. Les couper pour obtenir des feuilles de 20 cm sur 15 cm et les placer dans le sens de la largeur. ¶ Déposer au milieu de la feuille l'équivalent d'une cuillère à café de farce aux amandes. Écraser légèrement la farce. Replier les deux côtés de la feuille, en haut et en bas, pour obtenir une bande rectangulaire. Replier cette bande plusieurs fois de biais, pour obtenir des triangles. Pour plus de facilité, les briouats peuvent être pliés en forme de rectangle. ¶ Mettre le miel dans une casserole et le faire chauffer. ¶ Faire frire les briouats à la poêle dans de l'huile d'arachide, en les retournant jusqu'à ce qu'ils soient bien dorés. ¶ Les égoutter légèrement et les tremper immédiatement dans le miel chaud. ¶ Les déposer sur un plat et les laisser refroidir avant de les servir.

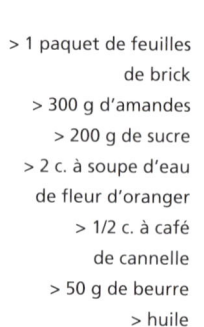

Beignets (*sfenj*)

Pour 4 personnes

Temps de cuisson : 4 min pour chaque beignet

Mettre la farine dans un saladier. Ajouter une pincée de sel et la levure délayée dans un peu d'eau. ¶ Verser progressivement l'eau et pétrir énergiquement la pâte pendant un quart d'heure. ¶ Couvrir et laisser reposer pendant 3 heures. ¶ Se huiler les mains et prélever une boule de pâte de la grosseur d'un œuf. Aplatir légèrement la boule et faire un trou en son milieu avec le doigt. ¶ Faire frire les beignets dans de l'huile bouillante en les retournant plusieurs fois. ¶ Les égoutter et les déposer dans le plat de service. ¶ Saupoudrer de sucre et servir chaud.

> 300 g de farine
> 20 g de levure de boulanger
> 1 verre d'eau
> sucre en poudre
> sel
> huile

Ghoriba sablée

Pour 4 personnes

> 300 g de farine
> 200 g de beurre
> 150 g de sucre

Temps de cuisson : 20 min

Mélanger la farine et le sucre ; ajouter le beurre ramolli. Pétrir longuement (ajouter un peu de beurre si nécessaire). ¶ Former une boule et laisser reposer deux heures. ¶ Prélever des petites boules de la grosseur d'un œuf. Aplatir chaque boule pour lui donner la forme d'un macaron. Les aligner sur une plaque farinée. ¶ Faire cuire à four moyen pendant 20 minutes. ¶ Ces sablés peuvent se conserver dans une boîte en fer.

Ghoriba aux œufs

Pour 4 personnes

> 300 g de farine
> 100 g de beurre
> 150 g de sucre
> 3 œufs

Temps de cuisson : 20 min

Mélanger la farine et le sucre ; ajouter le beurre ramolli. Séparer les jaunes d'œufs des blancs. Incorporer les jaunes à la pâte et pétrir. ¶ Former une boule et laisser reposer deux heures. ¶ Prélever des petites boules de la grosseur d'un œuf. Aplatir chaque boule pour lui donner la forme d'un macaron. ¶ Les aligner sur une plaque farinée. ¶ Faire cuire à four moyen pendant 20 minutes.

Ghoriba aux amandes

Pour 4 personnes

Temps de cuisson : 15 min

Passer les amandes au mixer ou utiliser des amandes en poudre. Ajouter le sucre, la farine et les œufs. Bien mélanger. ¶ Prélever des petites boules de la grosseur d'un œuf. Aplatir chaque boule pour lui donner la forme d'un macaron. ¶ Les aligner sur une plaque beurrée. ¶ Poser une amande entière sur chaque petit gâteau. ¶ Faire cuire à four moyen pendant un quart d'heure.

> 500 g d'amandes
> 100 g de beurre
> 150 g de sucre
> 50 g de farine
> 2 œufs

Dliba

Ghoriba à la semoule

Pour 4 personnes

Temps de cuisson : 15 min

Faire cuire la semoule une vingtaine de minutes dans de l'eau bouillante. ¶ Mettre les œufs entiers dans un saladier ; ajouter le sucre et les battre en omelette. Incorporer la semoule, le beurre et l'eau de fleur d'oranger. ¶ Prélever des petites boules de la grosseur d'un œuf. Aplatir chaque boule pour lui donner la forme d'un macaron. Les aligner sur une plaque beurrée. ¶ Faire cuire à four moyen pendant un quart d'heure.

> 100 g de semoule
> 100 g de beurre
> 150 g de sucre
> 2 œufs
> 1 c. à soupe d'eau de fleur d'oranger

Dliba

Pour 4 personnes

Temps de cuisson : 10 min

Mélanger la farine, le sucre et l'huile. ¶ Confectionner de petites boules de la taille d'une grosse bille. ¶ Les aplatir avec la paume de la main et les aligner sur une plaque légèrement huilée. ¶ Les faire cuire à four chaud pendant 10 minutes environ. ¶ Au sortir du four, mettre une pincée de cannelle sur chaque biscuit.

> 250 g de farine
> 125 g de sucre
> 1 tasse d'huile
> 1 cuillère à café de cannelle

Bechkito

Pour 4 personnes
Temps de cuisson : 15 min

> 300 g de farine
> 150 g de sucre
> 50 g de beurre
> 3 cuillères à soupe d'huile
> 1 citron

Mélanger la farine, le sucre, le beurre ramolli et l'huile. ¶ Ajouter le zeste d'un citron. ¶ Pétrir la pâte et l'étaler au rouleau sur une épaisseur de 5 millimètres. ¶ Découper des ronds à l'emporte-pièce. ¶ Les aligner sur une plaque huilée, et faire cuire à four moyen pendant 20 minutes.

Dattes fourrées

Pour 4 personnes

Passer les amandes au mixer ou utiliser des amandes en poudre. ¶ Les mélanger au sucre et mouiller avec l'eau de fleur d'oranger. Bien travailler la farce pour qu'elle devienne homogène.¶ Dénoyauter les dattes. Les fourrer généreusement de farce aux amandes. ¶ Les rouler dans du sucre en poudre et les aligner sur un petit plateau.

> 300 g de dattes
> 300 g d'amandes
> 100 g de sucre
> 2 c. à soupe d'eau de fleur d'oranger

Melon et pastèque

Pour 10 personnes

Couper la pastèque en deux moitiés égales. Retirer les graines noires. ¶ Prélever à l'aide d'une cuillère ronde des petites billes de pastèque bien rouges. ¶ Réserver les billes dans un saladier. ¶ Finir de creuser régulièrement la pastèque avec une cuillère à soupe. ¶ Faire de même avec le melon. ¶ Mélanger les billes de pastèque et de melon. ¶ Les remettre dans les demi-pastèques évidées. ¶ Servir frais. ¶ Les melons et les pastèques peuvent également être présentés en tranches ou en quartiers.

> 1 melon
> 1 pastèque

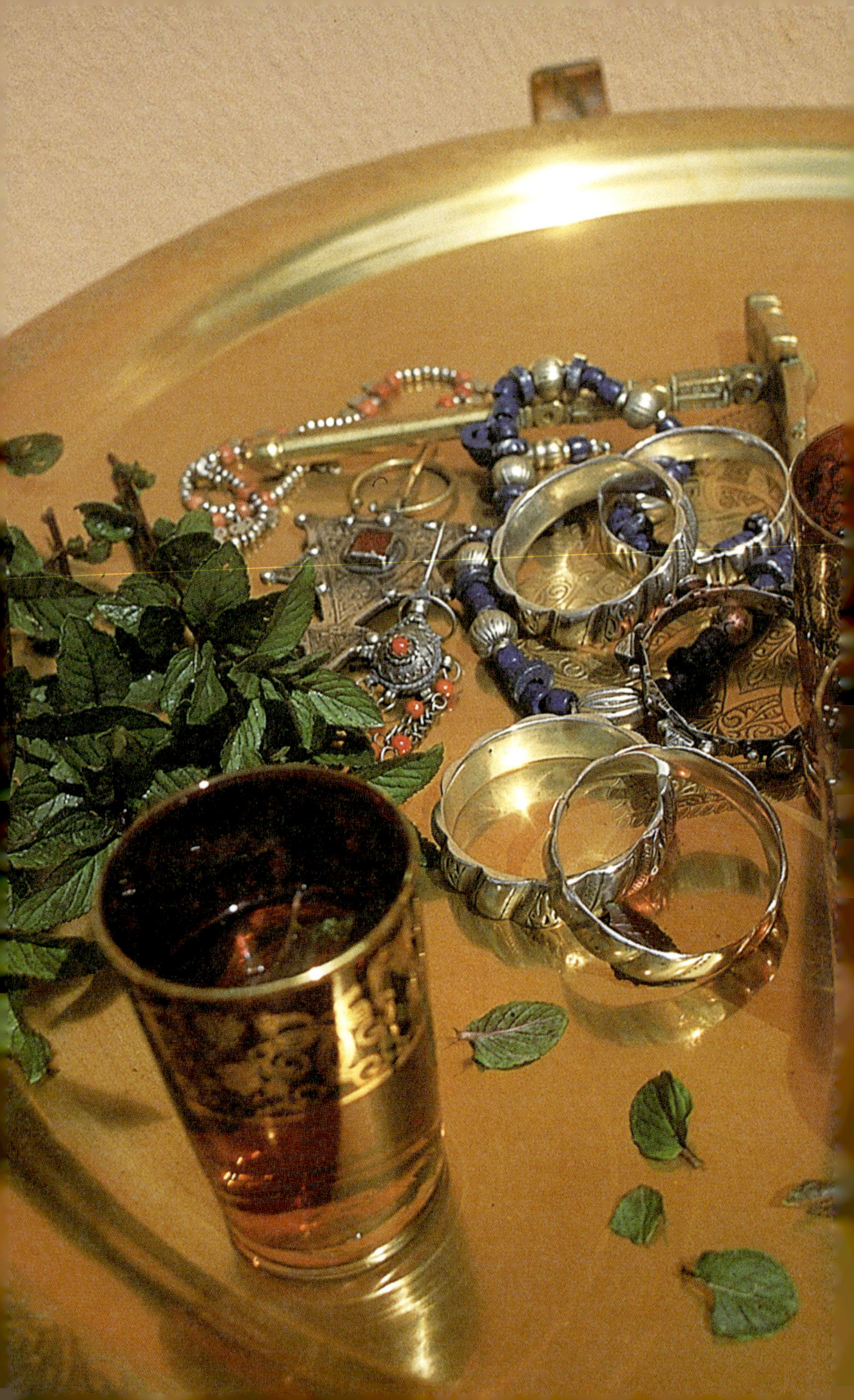

Les boissons

Thé à la menthe (*taï nana*)
Pour 6 personnes

> 2 cuillères à café de thé vert
> 1 poignée de menthe fraîche
> sucre en morceaux

Il est traditionnel que le thé à la menthe soit préparé par le maître de maison dans une théière de métal ciselé, et servi dans des verres de cristal peint.
Rincer la théière à l'eau bouillante. ¶ Mettre 2 cuillères à café de thé et un demi-verre à thé d'eau bouillante. ¶ Mélanger rapidement et jeter cette première eau. ¶ Froisser les feuilles de menthe et les mettre dans la théière. ¶ Ajouter les morceaux de sucre (selon le goût). ¶ Remplir d'eau bouillante et laisser infuser environ 5 minutes. ¶ Servir le thé dans des verres à thé, puis vider les verres dans la théière. ¶ Renouveler cette opération trois fois. Cette méthode permet de mélanger intimement le thé, les arômes de menthe et le sucre. ¶ Servir le thé fumant, sans remplir complètement les verres.

Citronnade
Pour 4 personnes

> 4 citrons
> 1 litre d'eau
> 4 c. à soupe de sucre en poudre
> 2 c. à café d'eau de fleur d'oranger

Presser les citrons. ¶ Ajouter un litre d'eau, le sucre et l'eau de fleur d'oranger. ¶ Bien remuer, verser dans une cruche en terre et mettre au frais.

Jus d'oranges

Pour 4 personnes

Presser les oranges et ajouter au jus ainsi obtenu deux cuillères à café d'eau de fleur d'oranger. Servir frais.

> 8 oranges
> 2 c. à café d'eau de fleur d'oranger

Jus de raisins secs

Pour 4 personnes

> 400 g de raisins secs
> 1 litre d'eau
> 1/2 cuillère à café de cannelle
> sucre

Temps de cuisson : 30 min

Mettre les raisins secs dans une casserole. Ajouter un litre d'eau et porter à ébullition. Laisser bouillir à petit feu pendant une demi-heure. Ajouter la cannelle et laisser refroidir. Filtrer et mettre au frais. Sucrer selon le goût.

Lait d'amandes

Pour 6 personnes

> 300 g d'amandes
> 150 g de sucre
> 1 litre de lait
> 1/2 litre d'eau
> 3 c. à café d'eau de fleur d'oranger

Passer les amandes au mixer.
Ajouter le sucre et l'eau. Bien mélanger et laisser macérer pendant une heure.
Verser le lait et l'eau de fleur d'oranger dans le mélange. Remuer et filtrer. Servir très frais.

Lait d'amandes

Homme bleu du désert.

Table des matières

Introduction **5**
Le pain (*ksra*) 21

Les soupes **22**
Harira 24
Harira aux pois chiches 25
Chorba 26
Soupe de blé (*dchicha*) 26
Soupe de semoule 29
Soupe de poisson 29

Les salades **30**
Tchoutchouka 32
Salade de tomates et poivrons crus 32
Salade de carottes à l'orange 33
Salade de carottes cuites 35
Salade de cœurs de laitue 35
Salade de courgettes 36
Salade de concombres 37
Salade d'olives concassées (*meslalla*) 38
Salade d'aubergines 39
Salade de fèves 39
Salade de betteraves 40
Salade de citrons 41

Les couscous **42**
Couscous 45
Couscous aux sept légumes 46
Couscous au miel et aux oignons 47
Couscous aux raisins secs 48
Couscous aux pigeons 50
Couscous au poisson 51

Les tajines 52

- Tajine d'agneau au miel 54
- Tajine d'agneau aux navets 54
- Tajine de mouton aux courgettes 55
- Tajine d'agneau aux coings 55
- Tajine de mouton aux fèves 56
- Tajine de mouton au citron 56
- Tajine de mouton aux amandes et aux oignons 57
- Tajine de veau aux petits pois 58
- Tajine de mouton aux pommes de terre 59
- Tajine de mouton aux œufs 59
- Tajine de mouton aux haricots verts et aux tomates 60
- Tajine de mouton aux pois chiches 61
- Tajine de veau aux carottes 63
- Tajine de veau aux cardons 63
- Tajine de veau aux poires 64
- Tajine de veau aux artichauts 65
- Tajine de veau au chou-fleur 65

Les poissons 66

- Poisson en tajine 68
- Poisson en tajine (deuxième recette) 69
- Poisson au four 69
- Merlans à la tomate 70
- Alose frite 70
- Alose farcie aux dattes 71
- Alose aux fèves 71

Les viandes 72

- Brochettes de mouton (*kabab*) 74
- Brochettes de foie (*boulfaf*) 75
- Brochettes de viande hachée (*kefta*) 76
- Kefta aux œufs 77
- Kefta aux courgettes 78
- Kefta aux tomates 79
- Épaule d'agneau dorée (*lham mhamar*) 80
- Quartier de mouton rôti 81
- Méchoui 81

Les volailles **82**
Poulet aux olives... 85
Poulet au miel... 85
Poulet aux amandes et aux oignons.. 86
Poulet aux pruneaux... 87
Poulet aux pois chiches 88
Poulet aux citrons confits.. 88
Poulet en omelette (*mfenned*).. 90
Poulet aux carottes.. 91
Poulet aux navets 91
Poulet farci à la semoule... 92
Poulet farci au riz 92
Poulet aux tomates 93
Dinde dorée (*mhamar*) 94
Dinde farcie à la semoule 94
Pigeonneaux aux dattes 95
Pigeonneaux aux oignons caramélisés 97
Pigeonneaux aux amandes et aux graines de sésame 97
Pastilla aux pigeons... 98

Les desserts **100**
Semoule au lait.. 102
Crêpes mille trous (*bghrir*) 102
Crêpes feuilletées (*rgaïf*) 104
Rgaïf aux amandes 105
Cornes de gazelle (*kab el ghzal*) 107
Cornes de gazelle au sucre glace (*kab el ghzal mfenned*)....... 107
Briouats au miel..108
Beignets (*sfenj*) 109
Ghoriba sablée... 110
Ghoriba aux œufs... 110
Ghoriba aux amandes 111
Ghoriba à la semoule 113
Dliba 113
Bechkito 114
Dattes fourrées 115
Melon et pastèque 115

Les boissons 116
Thé à la menthe (*taï nana*) 118
Citronnade 118
Jus d'orange 119
Jus de raisins secs 120
Lait d'amandes 120